LA PEDAGOGÍA DE JESÚS

Un análisis crítico-narrativo de la pedagogía de Jesús en el Evangelio de Marcos

Carlos Napoleón Canizález

La pedagogía de Jesús
Un análisis crítico-narrativo de la pedagogía de Jesús en el Evangelio de Marcos
Carlos Napoleón Canizález

© 2020 Centro de Investigaciones y Publicaciones (CENIP) – Ediciones Puma
Hecho el Depósito Legal en la Biblioteca Nacional del Perú N° 2019-17153
Primera edición, versión impresa: febrero de 2020
ISBN N° 978-612-4252-36-5

Categoría: Religión - Estudios bíblicos - Teología

Primera edición, versión digital: febrero de 2021
ISBN N° 978-612-4252-97-6

Editado por:
© 2020 Centro de Investigaciones y Publicaciones (CENIP) – Ediciones Puma
Av. 28 de Julio 314, Int. G, Jesús María, Lima
Telf./Fax: (511) 423–2772
Apartado postal: 11-168, Lima - Perú
E-mail: administracion@edicionespuma.org
              ventas@edicionespuma.org
Web: www.edicionespuma.org
Ediciones Puma es un programa del Centro de Investigaciones y Publicaciones (CENIP)

Edición: Jim Breneman y Alejandro Pimentel
Diseño de carátula: Eliezer D. Castillo P.
Diagramación: Hansel James Huaynate Ventocilla

En memoria de Carlos "Carlitos" Napoleón Canizález

El libro *La pedagogía de Jesús: Un análisis crítico-narrativo de la pedagogía de Jesús en el Evangelio de Marcos*, es una publicación póstuma. Su autor, Carlos Canizález, ya no está con nosotros. ¡Venció! Se encuentra en la Patria Celestial, el cielo prometido, en el regazo del Señor a quién amó y sirvió hasta el final de su peregrinaje en esta tierra.

Cuando me enteré de su fallecimiento, escribí la siguiente nota en mi cuenta de facebook, dando cuenta del inmenso aprecio que siempre tuve por él, mi amigo Carlitos, mi pata del alma:

Pata, te fuiste, y dejaste un legado invalorable para los que quedamos en la *polis*, nuestro espacio de servicio al Dios de la vida. Hablabas no sólo de la pedagogía de Jesús el Galileo, sino que la vivías en la cotidianidad de tu servicio a Él y al prójimo indefenso.

Fuiste Carlitos, un amigo invalorable, de esos que se quieren hasta el final, y de quienes se aprende a ser generosamente humanos, cercanos, próximos. Extrañaré tu compañerismo sincero, tu sonrisa franca, tu abrazo sin precio.

Adiós querido pata. Tú estás en el reino de quien amaste y serviste siempre limpiamente. Espero el tiempo del reencuentro para tomarnos un café eterno y una copa de vino tinto inagotable.

Lloro sin cansancio. Sólo me anima y consuela saber que, si es posible parecerse al Maestro, como tú pata del alma, porque tu modelo de discípulo ejemplar empapa la vida.

Sé que tu amada Celsa no está sola, porque tiene a su lado al Eterno Caminante y a los amigos insobornables que nunca cambian la lealtad por el dinero o hacen de esa relación sagrada una mercancía barata.

¡Venciste pata! ¡Luego nos veremos para ser incansablemente felices!

Darío
Villa María del Triunfo, noviembre del 2019

A mi esposa, María Celsa, fiel compañera del camino en la tarea de hacer discípulos y líderes del reino de Dios.

A mis hijos Fares Isaac y Gerson Isaí y a mi hija Raquel Eunice, fuente de alegría e inspiración a cada paso de mi camino en el reino y en la vida.

A todos mis familiares que me recuerdan mis felices años de infancia a la sombra de mi padre, José y de mi madre, María.

A todos mis discípulos, quienes insatisfechos de la superficialidad religiosa de la época actual caminan conmigo en la tarea de hacer otros discípulos comprometidos con el reino de Dios y la misión integral de la Iglesia.

Contenido

Prefacio

El doctor Carlos Napoleón Canizález, actual presidente del Seminario Bíblico Pentecostal Centroamericano (SEBIPCA) en Quetzaltenango, Guatemala, que también preside la Alianza de Educación de la Iglesia de Dios para América Latina, nos invita a un viaje encantador. Su contenido, lleno de sorpresas, erudición y encuentros que exigen una imaginación creativa, nos sumerge en la pedagogía de Jesús, que ha sido ilustrada con claridad en el Evangelio de Marcos.

Como investigador de *homilética* narrativa aprecio el enfoque del autor, que nos presenta el mundo del estilo *discipulador* de Jesús y nos abre el camino para que los lectores actuales del texto de Marcos puedan estudiarlo como expresión literaria enmarcada en el contexto del pasado, pero con importantísimos significados para la misión de la Iglesia hoy.

El autor es un apasionado discípulo del Maestro, y dedica gran parte de su tiempo a estudiar y modelar el *discipulado* de Jesús, además de concebir sistemas, estructuras y programas educativos que promuevan el avance del *discipulado* cristiano.

En el ministerio de Jesucristo no hubo nada más importante que la labor de formar a sus discípulos. Esta labor le tomó más del ochenta por ciento de su ministerio. El acto de morir y resucitar lo hizo en un fin de semana, pero dedicó todo su ministerio a *discipular* hombres y mujeres que encontró en su jornada misional. Jesús siempre dedicó tiempo a sus discípulos para formarlos, y en muchas ocasiones se «apartó» con ellos para darles plena atención. Hoy creo firmemente que esta debe ser nuestra principal labor en el ministerio cristiano. Si queremos participar en la misión del Señor, nuestra prioridad debe ser la formación de discípulos. Si no somos discípulos, no somos cristianos.

Es sabido que los Evangelios sinópticos usan el plural para referirse a «sus discípulos». El concepto es comunitario: juntos, son «los doce». Jesús viene a establecer su «pueblo nuevo» (el núcleo del nuevo reino) con doce discípulos-apóstoles. La labor de Jesús de hacer discípulos comienza con un llamado. Aparece señalando con su dedo a algún pescador y le invita: «Sígueme». Él llama, y Pedro deja su barca. Leví deja su mesa, y todos ellos lo siguen. Por eso Jesús dice: «No me elegisteis vosotros a mí, sino que yo os elegí a vosotros… para que vayáis y llevéis fruto» (Jn 15.16). Dicen los Hechos que Jesús anduvo por todos lados haciendo el bien, y ser discípulo consiste en caminar con Él haciendo lo bueno, actuando, demostrando la presencia y el poder del reino de Dios. Lo que marca su persona y su llamado es el fruto que produce. Sus discípulos están puestos para la acción en el nombre del Señor, con un poder y una autoridad que ningún otro podía compartir. El *discipulado* con Jesús es un programa de acción transformadora.

Lo nuevo que Dios hizo al enviar a su Hijo Jesús trasciende nuestra imaginación. Jesús llevó sanidad y gracia a todos los lugares a donde fue. Perdonó y transformó a la gente, la cual encontró en Él una nueva vida que ni siquiera habían imaginado.

En la *pedagogía* de Jesús nos queda claro que en cada nueva situación histórica hay una señal de Dios, una revelación nueva, una invitación a nuevas labores, a nuevas formas de presencia y de acción. Cuando se nos llama a seguirlo, significa que nos unimos a Él, nos sometemos a Él, compartimos con Él su vida, su misión, su destino y finalmente su cruz. Por eso, todo discípulo has sido llamado a ser testigo (mártir).

Esto explica el marcado énfasis que los Evangelios ofrecen al hecho de que sus discípulos comen con Jesús, sobre todo después de la resurrección. No porque eran muy buenos para comer, sino porque esa comida era fraterna y tenía un tremendo significado. Alrededor de la mesa fraterna en que comieron juntos el pan, Jesús compartió con sus discípulos su estrategia: «*Id por todo el mundo y predicad el evangelio a toda criatura… y haced discípulos a todas las naciones*» (16.14–18; Hch 1.4).

Hemos sido invitados a la mesa misional para que seamos profetas y maestros. Como profetas, hacemos un llamado al pueblo de Dios a su identidad esencial. Los profetas actuaban y hablaban buscando la integridad de la comunidad. Debemos reflexionar en el rol profético de Jesús y hacer las preguntas de rigor. ¿Acaso te has olvidado para qué estás aquí? Tenemos que preguntarnos unos a otros, ¿Qué ves? ¿Cuál es tu visión? ¿Cuál es tu responsabilidad?

Necesitamos enseñarnos unos a otros que somos los discípulos redimidos del Señor, los bautizados, los santificados, los *empoderados* por el Espíritu, los amados de Dios, y que tenemos una responsabilidad misional con Dios.

Los *discípulos* no somos una colección de personas perfectas, pero somos gente a la que Jesús ha formado; somos seguidores de Jesús, que avanzamos con una misión de salvación. No somos un club social, somos gente a la que Jesús ha formado. Somos seguidores de Jesús que traemos a Cristo al mundo en el poder de su Espíritu.

No somos un quiosco o un almacén donde compramos lo que queremos sino una comunidad que se reúne en torno a la mesa de comunión para ver la gloria de Dios, y que luego sale a servir, amar y cambiar el mundo.

El *discipulado* al estilo de Jesús no nos convierte solo en un hospital donde atendemos a los heridos. Debemos salir al mundo, al vecindario de Jesús, con un sentido claro de urgencia para terminar el trabajo de Cristo y su reino.

La pedagogía de Jesús nos dice que Él tiene una escuela de la que nadie se gradúa. Aún como «apóstoles» los doce no dejan de ser *discípulos*. Son «los que siguen al cordero», según Apocalipsis.

David Ramírez, D. Min.
Cleveland, Tennessee, 28 de julio de 2019

Prólogo

La pedagogía de Jesús, según el testimonio del Evangelio de Marcos, y cuyo autor es el pastor y profesor Carlos Canizález, no es un abordaje académico más que engrosa la amplia literatura crítica sobre el mensaje del segundo Evangelio. Es ciertamente un trabajo académico notable que da cuenta del amplio dominio que el autor tiene sobre el tema de la pedagogía de Jesús en diálogo permanente con la literatura teológica actual. Pero es, además, una aproximación académica producto de largos años de docencia y reflexión, en diversos países y centros de formación pastoral vinculados al amplio y diverso movimiento pentecostal latinoamericano y caribeño. Se trata entonces de un libro fraguado en la misión y para la misión, forjado en el peregrinaje colectivo con el pueblo de a pie, elaborado en diálogo con el contexto, porque para Carlos Canizález, ¡el contexto sí importa!

En este libro, Carlos Canizález dialoga crítica y creativamente con diversos autores, resaltando sus aportes más significativos relacionados con el mensaje del Evangelio de Marcos. Ubica los temas que aborda en sus contextos específicos y busca siempre desmadejar en cada perícopa que comenta la impronta pedagógica de Jesús. Aquí me parece que se encuentra el eje transversal de su abordaje teológico-pastoral, situar el texto en sus dos contextos (el contexto del texto y el contexto del intérprete), para presentar de manera novedosa el mensaje y la práctica pedagógica del Maestro de Galilea.

Es necesario hacer un breve paréntesis para explicar el abordaje teológico-pastoral de Carlos Canizález. Todavía recuerdo el primer encuentro que tuve con él en uno de los eventos de docentes latinoamericanos y caribeños organizados por la Iglesia de Dios (Cleveland). Venía él del agitado contexto salvadoreño. El Salvador es su país de origen, y su práctica pastoral y su reflexión teológica se fue tejiendo en ese contexto. Por otro lado, yo provenía del agitado contexto peruano de los difíciles años de la violencia política que enlutó al país (1980–2000). ¡Sintonizamos inmediatamente! Quizá, creo, porque nuestra vivencia pentecostal se fue modelando y fraguando en medio de las luchas de los ciudadanos de a pie de nuestros países, que se encontraban en procesos sociales y políticos de deconstrucción de las frágiles democracias en las que vivíamos. En el vuelo de regreso a nuestros países, coincidimos en uno de los aeropuertos de tránsito de Centroamérica, y seguimos conversando sobre el tema que nos apasionaba a ambos: la misión integral en contextos de violencia. Él fue descubriendo el mensaje del Evangelio según Marcos, *La pedagogía de Jesús*, desde la cotidianidad de su servicio pastoral-docente en el suelo centroamericano marcado por situaciones de violencia política y muerte temprana de ciudadanos inocentes. Y, simultáneamente, mi persona fue descubriendo el mensaje del Evangelio según Lucas, *La misión liberadora de Jesús*, desde una realidad de violencia subversiva y contrasubversiva e injusticia institucionalizada.

Lo que intento afirmar en este paréntesis es que cada libro se escribe desde una realidad histórica concreta, y expresa lo que el autor fue descubriendo en su peregrinaje de servicio al Dios de la vida y al prójimo indefenso y vulnerable. El libro escrito por mi gran amigo Carlos Canizález nace, se fragua y eclosiona, no en el cómodo escritorio de un espectador aséptico e indiferente a lo que sucede en su marco histórico, sino en el corazón pastoral-docente de un protagonista, uno que en el día a día de su peregrinaje cristiano comprometido con la vida y la justicia fue pensando y modelando su compromiso pentecostal desde las honduras de la vida de nuestro pueblo.

La pedagogía de Jesús, como uno de los ejes transversales clave del Evangelio según Marcos, indudablemente coadyuva al testimonio integral del pueblo de Dios en misión, particularmente en una dimensión sensible de la misma: la formación-transformación de discípulos, mujeres y hombres de todas las edades, para que sean además de creyentes, buenos vecinos y mejores ciudadanos. Tiene que ser así, porque, ¿qué sería del testimonio cristiano si las iglesias solo se dedicaran a informar y formar a buenas personas, con una ética personal destacada, pero con una ética social y un compromiso ciudadano pobre, endeble y poco útil para la transformación social y política de nuestros países, tan necesitados de ciudadanos responsables, veraces, justos, probos e íntegros.

Carlos Canizález, desde la pedagogía de Jesús, insiste —así me parece— en que un evangelio mutilado, dedicado a la salvación de almas incorpóreas, desenchufado de la realidad histórica, jamás tendrá como producto final ciudadanos ejemplares. Ciudadanos preocupados por la búsqueda del bien común y comprometidos con acciones concretas de lucha contra la pobreza, defensa de los derechos humanos, cuidado responsable de nuestra casa común, protección de los sectores sociales indefensos o lucha por una democracia en la que todos los ciudadanos tengan igualdad de oportunidades.

¡Bienvenido sea este libro que los pentecostales y no pentecostales deberíamos celebrar como un don del Espíritu de vida, para que la comunidad de Jesús, siguiendo las huellas del Maestro de Galilea, recuerde que sin una formación integral no habrá posibilidad de transformar personas y pueblos para que vivan dignamente como imagen de Dios y como creación de Dios!

Darío A. López Rodríguez, Ph.D.
Villa María del Triunfo, Perú, 8 de julio de 2019

Introducción: propósito y herramienta para el análisis

El Evangelio de Marcos es un texto narrativo que desde el principio pone en relieve las funciones *kerigmática* (1.14–15) y *didáctica* de Jesús (1.16–20). En el mundo de este Evangelio, Jesús comienza su ministerio predicando la cercanía inmediata del reino de Dios en espacios públicos. Además, realiza su primera función como maestro haciéndose de sus primeros cuatro discípulos, invitándolos a seguirlo y señalándoles claramente lo que hará con ellos si, por supuesto, aceptan seguirlo. Jesús promete convertirlos en pescadores de hombres. Es razonable decir, en clave pedagógica, que en la trama narrativa del Evangelio de Marcos, Jesús tiene como fin educativo convertir a sus seguidores en pescadores de hombres, y que el discipulado es la metodología de Jesús para lograrlo. Esto sugiere que es posible acercarse al texto de Marcos con el propósito de explorar la pedagogía de Jesús.

El Evangelio de Marcos ha sido objeto de estudio de muchos especialistas en teología bíblica. Y todos ellos han utilizado su propia caja de herramientas hermenéuticas para comprender el texto de Marcos, llegando a diferentes conclusiones que han enriquecido la hermenéutica y la teología de este Evangelio.

En el presente análisis de la pedagogía de Jesús en el Evangelio de Marcos, sabiendo que este Evangelio pertenece al género literario narrativo y que cada género literario sugiere la forma en que debe ser interpretado, se utilizará la hermenéutica crítico-narrativa como herramienta de análisis (Marguerat y Bourquin 2000; Ska, Sonet, Wénin 2001; Osborne 1991; Barton 2001; Archer 2009). En el presente trabajo se ha descubierto que, desde el principio hasta el final, el Evangelio de Marcos tiene una trama narrativa pedagógica, con un acelerado movimiento progresivo que gira en torno a la figura de Jesús como Maestro, y que conduce a un clímax y a un desenlace final. Además, se privilegiará en el presente estudio la herramienta hermenéutica del análisis semiótico, ya que también se considerará el Evangelio de Marcos como un sistema cerrado de signos cuyas relaciones generan significado (de Wit 1992). El análisis estructural y semiótico tendrá el soporte de la hermenéutica textual gramático-histórica, sobre todo para la comprensión de los textos que señalan los grandes temas relativos a la pedagogía de Jesús.

El análisis crítico-narrativo tiene una forma muy particular de ver e interpretar el texto bíblico. A la hermenéutica crítica narrativa no le interesa estudiar la historia del texto, su origen y desarrollo. Ese tipo de estudio le interesa al método histórico-crítico, el cual se ocupa de investigar la historia del texto bíblico, pero dejando de lado el significado del texto mismo, que es el principal interés del autor de este trabajo. El autor no quiere estudiar la historia del texto sino encontrar el significado teológico-pedagógico del texto en su condición actual. La crítica narrativa centra su interés no en la historia sino en otros aspectos del texto: el texto como obra literaria; el papel del intérprete en el proceso de comprensión del texto; el peso del contexto actual en la significación del texto (Archer 2009; Barton 2001; Marguerat y Bourquin 2000; Ska, Sonet, Wénin 2001; Osborne 1991, de Wit 1992). Esto no significa que en el presente análisis se harán de lado algunas conclusiones importantes de los estudios histórico-críticos. Por ejemplo, en el presente estudio se asume, con la crítica de la redacción y la crítica sinóptica, que el Evangelio de Marcos fue el primer Evangelio que se escribió.

Lo que interesa saber en este trabajo es qué dice la estructura del Evangelio de Marcos acerca de la enseñanza de Jesús, qué proceso de lectura hay que seguir para descubrir sus verdades, y cómo nos afecta la enseñanza de Jesús hoy. Las cuestiones planteadas abren el camino para un *análisis sincrónico* del texto de Marcos, es decir, un análisis del texto de Marcos que enfoque en la expresión literaria actual del texto y su respectivo significado teológico para sus lectores actuales. Según Myers, se pueden discernir grandes patrones estructurales en el texto de Marcos si se examina sincrónicamente, es decir, no haciendo mayores consideraciones de tiempo y espacio en la trama del relato

(1990). El análisis estructural de la narrativa y el análisis semiótico son las herramientas hermenéuticas clave para encontrar este significado. Se hará este acercamiento al texto de Marcos con el interés de conocer y aplicar las leyes del proceso de significación. Por lo tanto, el Evangelio de Marcos se verá como una estructura y sistema de signos, como un conjunto de transformaciones y oposiciones generadoras de significado (de Wit 1992).

El Evangelio de Marcos sugiere que Jesús de Nazaret tuvo una comprensión muy particular de la teoría y práctica docente, la cual le sirvió de fundamento y guía para conducir a sus primeros seguidores, un puñado de pescadores galileos, en un proceso de formación que los convirtió en líderes carismáticos[1] del reino de Dios y para el reino de Dios. En consecuencia, el presente trabajo de investigación en el Evangelio de Marcos tiene como propósito analizar la pedagogía de Jesús para formar líderes del reino de Dios y para el reino de Dios.[2]

El estudio crítico-narrativo se caracteriza por analizar la secuencia de acciones realizadas en el tiempo y en el espacio por el protagonista y por los otros personajes de una trama narrativa (Marguerat y Bourquin 2000; Osborne 1991; Archer 2009; Ska, Sonnet, Wénin 2001). Sin embargo, en el presente trabajo se hará un análisis crítico-narrativo de un tema, la pedagogía de Jesús, lo cual no se plantea como una tarea fácil.[3] Así que se jalará con sumo cuidado el hilo temático de la enseñanza de Jesús, del texto de Marcos, para someterlo a un estudio crítico-narrativo. Por el hecho de estar vinculado a Jesús, el Hijo de Dios, y al reino de Dios, el tema de la pedagogía de Jesús se constituye en un tema teológico. Este trabajo explora, entonces, *la teología de la pedagogía de Jesús.*

---

[1] Para el autor de este trabajo, un líder carismático es quien se ha convertido en predicador y maestro del evangelio del reino de Dios, que inspira a otros para que lo sigan y para que deseen estar con él; un predicador y maestro del evangelio que es lleno del Espíritu y que en el poder del Espíritu realiza demostraciones extraordinarias de autoridad.

[2] Aquí se entiende por reino de Dios el nuevo orden que Dios desea y está estableciendo para toda la humanidad.

[3] Marguerat y Bourquin señalan que no es fácil aislar una secuencia temática para hacerle un análisis narrativo, «porque el tema es una realidad más fluida, narrativamente hablando» (2000, p. 62). Sin embargo, no dicen que no se puede hacer un análisis narrativo temático.

Es más que obvio que el Evangelio de Marcos es un texto literario elaborado por un autor humano. En consecuencia, es un texto que puede y debe ser sometido al juicio del análisis crítico literario. Sin embargo, el Evangelio de Marcos también se considera como un texto divino porque es inspirado por Dios. Así que, aunque se asuma con la hermenéutica histórico-crítica que el evangelista Marcos escribió el núcleo del Evangelio que lleva su nombre y que a partir de ese núcleo fue sometido a un proceso de redacción, se considera que, en su estado actual, según el interés y método de la crítica canónica, es un texto inspirado por Dios que tiene la función pragmática de sustentar, dirigir y ordenar la vida y la misión de la iglesia contemporánea. Esto permite acercarse al Evangelio de Marcos con lentes nuevos, con el único propósito de explorar el significado teológico literario de la pedagogía de Jesús. En consecuencia, nuestro acercamiento al texto de Marcos también corresponde al interés y método de la *crítica canónica* (Barton, 1998).

En el Evangelio de Marcos, Jesús es el maestro que enseña todo el tiempo. Enseña con sus palabras, actitudes y acciones. Enseña cuando predica, cuando va de camino con sus seguidores de un lugar a otro, cuando comparte la vida con ellos en el ambiente íntimo del hogar, cuando discute con los escribas y fariseos, y cuando realiza demostraciones extraordinarias de autoridad. Marcos caracteriza a Jesús como maestro-predicador: Jesús enseña cuando predica y predica cuando enseña. Jesús llega a ser reconocido y llamado maestro porque habla y actúa como maestro, y no porque haya tenido un título oficial que lo acreditara como tal. Jesús es el maestro que enseña con sus palabras y acciones. Estas brevísimas reflexiones pedagógicas acerca de Jesús disparan el arranque de una investigación orientada a describir con claridad la concepción pedagógica de Jesús y su programa práctico de formación de líderes.

¿Pudo Jesús el Cristo haber sido reconocido como maestro si no hubiera tenido un conocimiento teórico, una pedagogía, que le sirviera de fundamento y guía para su enseñanza? Esta es una cuestión pragmática que abre un amplio horizonte de sentido a la cuestión de la pedagogía de Jesús. A partir de la lectura del Evangelio de Marcos, es imposible decir que Jesús escribió algo que pudiera caracterizarse como su teoría de la enseñanza, es decir, una pedagogía. Según este evangelio,

Jesús no escribió ninguna pedagogía. Sin embargo, tampoco se puede negar que Jesús demuestra tener un amplio y profundo conocimiento reflexivo de su tarea como maestro.

En el texto de Marcos, Jesús el Cristo es un maestro innovador e inspirador, un maestro que sabe enseñar. Predica y enseña acerca de la nueva realidad del reino de Dios; también enseña cómo los seres humanos pueden hacer suya esa realidad. Aunque Jesús el Cristo enseña primariamente las grandes verdades del reino de Dios a las multitudes marginadas y empobrecidas de Galilea, enfoca su enseñanza en su pequeño grupo íntimo de seguidores.

Algunas cuestiones crítico-narrativas y crítico-teológicas importantes del presente trabajo son: ¿Cómo el evangelista Marcos construye la secuencia de la pedagogía de Jesús y qué función tiene la enseñanza de Jesús en la totalidad de la trama narrativa? ¿Cuáles son los componentes y principios fundamentales de la pedagogía de Jesús? ¿Qué efectos puede producir la secuencia de la pedagogía de Jesús en el lector contemporáneo? Se intentará responder a estas preguntas en este trabajo. Sin embargo, antes de hacer el análisis crítico-narrativo que permita responder a estas preguntas, se hará una revisión de algunos estudios histórico-críticos y algunos estudios crítico-literarios de los últimos cincuenta años para determinar si se ha realizado algún estudio acerca de la pedagogía de Jesús.

Luego, se presentará una visión panorámica del presente análisis crítico-narrativo de la pedagogía de Jesús en el Evangelio de Marcos a fin de introducir al lector a una más amplia y detallada pedagogía de Jesús.

Capítulo 1

Estudios histórico-críticos y crítico-literarios de la pedagogía de Jesús

Repaso de la literatura

Nuestra investigación critico-narrativa de la pedagogía de Jesús para formar líderes del reino de Dios se hace a partir del repaso de algunos estudios histórico-críticos y algunos estudios crítico-literarios en el Evangelio de Marcos. Este repaso se hará para saber si ya se ha elaborado desde la crítica histórica, o desde otra escuela de hermenéutica crítica, algún estudio teológico en el Evangelio de Marcos acerca de la pedagogía de Jesús, o si se han formulado algunas conclusiones importantes acerca de la función pedagógica de Jesús.

W. Lane

Asumiendo la *crítica de la redacción* de Willie Marxsen, Lane, W. (1974) *The Gospel According to Mark*, sostiene que Marcos orienta la construcción del Evangelio, siendo la proclamación de la iglesia el factor decisivo de su composición. En esta perspectiva, Lane señala que el llamado a seguir a Jesús (1.16–18) «implica discipulado… porque el discípulo rompe todos los otros lazos para seguir a su maestro como un sirviente» (p. 67); involucra también la tarea del fin de los tiempos de congregar hombres a causa del juicio de Dios que ya viene.

Por otro lado, Lane señala que los llamados a ser pescadores de hombres tienen la *«función inmediata…* de acompañar a Jesús como testigos de la proclamación de la cercanía del reino» y de la conversión radical que esta proclamación exige a los hombres; y tienen la «última función» de «confrontar a los hombres con la decisiva acción de Dios»

(p. 68), que es de salvación para los que creen y juicio para los que no creen.

Según Lane, el primer énfasis de Marcos (1.21–28) es la autoridad de la enseñanza de Jesús y la respuesta de la gente a esa enseñanza. La enseñanza de Jesús se presenta «con autoridad soberana», lo cual no permite «ni el debate ni la reflexión teórica» (p. 72), evocando las exigencias éticas de los profetas más que la enseñanza de los escribas.

Lane contrasta a los rabinos ordenados, que tienen la autoridad para hacer decisiones teológicas, con los maestros inferiores, que se limitan a transmitir la información de la tradición. A diferencia de todos estos rabinos, Jesús confronta a la gente y apela a su decisión, como los profetas. Lane sostiene que Marcos 4.1–34 es la unidad más larga del Evangelio dedicada a la enseñanza del reino, la cual Jesús expone en parábolas a la gente pero explica a los discípulos en privado.

Fernando Belo

Belo, F. (1975) *Lectura materialista del Evangelio de Marcos*, señala que Jesús se presenta al principio del Evangelio como maestro (*rabbí*), título con el cual Marcos se refiere a Jesús con frecuencia, porque se dedica a la tarea de enseñar. Según Belo, la enseñanza no consiste sólo en la palabra que Jesús dice, sino en toda la práctica que se encuentra bajo la forma textual de esa palabra. En suma, Belo cree que cuando Jesús enseña, está haciendo un relato de la práctica de la enseñanza y que la autoridad de esta enseñanza es un verdadero acontecimiento que está en abierto contraste con la enseñanza de los escribas.

V. Taylor

Taylor, V. (1979), *Evangelio según San Marcos,* hace su estudio teológico del Evangelio de Marcos asumiéndolo como una construcción teológica, apoyándose en la crítica literaria e histórica, y en los estudios lingüísticos (p. 48). Sostiene que no hay razón para dudar del valor histórico del Evangelio, aunque admite que algunos relatos han sido modificados para ajustarlos a las experiencias de fe de la iglesia primitiva. En esta perspectiva, Taylor, al igual que Lane, sostiene que «la teología del evangelista ha condicionado su forma de escribir» (p. 130). Según Taylor, la gente reconoció a Jesús como maestro, llamándole *rabbí* y con más frecuencia *didáskalos*.

J. Schmid

Schmid, J. (1981) *El Evangelio según San Marcos,* a partir de una crítica histórica y literaria, aunque menos riguroso que Taylor, destaca que en el Evangelio aparece la figura de Jesús con abundancia de detalles realistas que se constituyen en prueba de que «tras Marcos se encuentra un testigo ocular» (p. 19). Según Schmid, la «presencia de un testigo ocular… se deja ver sobre todo en la manera como destacan en Marcos los discípulos junto a Jesús» (p. 19). Para él, Marcos es el único evangelista que se ocupa de hacer una distinción clara entre «los demás discípulos y el pueblo» (p. 19). En cuanto a la teología del evangelio, Schmid señala que no hay «una tendencia teológica determinada» (p. 19), aunque reproduce la «predicación misional cristiana primitiva» (p. 19).

Juan Mateos

Mateos, Juan (1982) *Los «doce» y otros seguidores de Jesús en el Evangelio de Marcos,* se apoya en la crítica textual, la lingüística, y la interpretación gramático-histórica para resolver la cuestión de la «identificación o no» (p. 9) de algunos discípulos —que se mencionan en el texto de Marcos (Mr 13.1; 6.7–13, 30.52; 9.30–37)— con los doce.

En su investigación, Mateos dibuja teológicamente lo que puede considerarse como los componentes centrales de la función de Jesús como maestro, aunque de manera subordinada a su rol como predicador de la buena nueva del reino de Dios. Mateos estudia semánticamente los términos *mathetes, rabí* y *didáskalos,* en referencia a la relación discípulo-maestro. Afirma que el AT no conoce esta relación porque «los profetas no tienen discípulos, sino servidores o acompañantes», y que el término discípulo, *mathetes,* comienza a utilizarse debido a la influencia helenista en la época de los macabeos (p. 22). Así, el discipulado aparece en los tiempos de Jesús como un modo de aprender muy generalizado. El término hebreo *rabbí* es utilizado por los discípulos para dirigirse con respeto a los maestros de la ley, en tanto que *didáskalos* es el maestro que en base a la *Torá* muestra el camino que conduce a Dios. Mateos señala, además, que «dentro del campo semántico del *mathetes/didaskalos* se encuentran *didáskein* y *didajé,* …que denotan respectivamente la actividad del *didáskalos* o el acto de enseñar y el contenido de la enseñanza» (p. 24). Por otro lado,

Mateos afirma que Jesús envía a sus doce discípulos a proclamar (3.14), pero que nunca los envía a enseñar. Sin embargo, la proclamación de Jesús está íntimamente conectada a su enseñanza. Mateos también señala que la enseñanza (1.21b) desarrolla la proclamación como una exposición, sugerido por la frase *laleín tón lógon*. Entonces, «exponer el mensaje es parte de la enseñanza» (p. 25).

M. Hengel

Hengel, M. (1985) *Studies in the Gospel of Mark*, juzgando el Evangelio de Marcos como un registro histórico kerigmático biográfico, y considerando también que es una obra de arte dramática narrativa bien elaborada, se ha preguntado si Marcos fue un simple narrador o un sofisticado teólogo didáctico que produjo su propio retrato teológico. No dice absolutamente nada de la enseñanza de Jesús.

Maurice Gilbert Jean y Noel Aletti

Jean, M. G. y Aletti, N. (1985) *La sabiduría y Jesucristo*, estudian cómo las últimas repercusiones sapienciales condicionan la presentación que el evangelista Marcos hace de Jesús. Creen que Jesús se presenta en algunos textos como maestro sapiencial, no sólo porque usa los dispositivos retóricos que distingue a los rabinos (parábolas, enigmas, aforismos, etc.) sino por el efecto que produce en sus oyentes, ya que lo que dice es considerado palabra sapiencial. También se refieren a la relación entre la palabra sapiencial y el milagro; señalan que Jesús muestra su sabiduría por lo que dice, en tanto que los milagros plantean la cuestión del origen de su poder, indicando que el decir y hacer están íntimamente ligados a la persona que habla y hace.

C. Myers

Myers, C. (1990) *Binding The Strong Man: A Political Reading of Mark's Story of Jesus*, ofrece una lectura del Evangelio de Marcos que mantiene un balance entre la crítica literaria y la crítica socio-histórica. A partir de este balance, desarrolla una interpretación que se ocupa de lo que el texto significó en su propio contexto socio-histórico y lo que significa para nosotros en nuestro propio contexto. Aunque no desarrolla una teología del rol de Jesús como maestro, porque su intención es enfatizar el rol de Jesús como profeta, destaca algunas líneas importantes de la figura de Jesús como maestro. Primero, según Myers, el evangelio del reino de Dios se dirige a una comunidad de discípulos que económica y políticamente no está instalada en el imperio romano.

Segundo, Jesús llama a los primeros discípulos a seguirle, no para ofrecerles la posición de rabinos autorizados, sino para ofrecerles una escuela en la que no hay graduación. Tercero, en la invitación a ser pescadores de hombres,[4] Jesús no tiene en mente la «salvación de las almas» (p. 132), sino que sus invitados se unan a Él en la lucha para revertir el orden existente de poder y privilegio. Myers llama a su comprensión particular del seguimiento de Jesús, «el discipulado radical» (pp. 413–446). Este discipulado radical enfoca en dos temas teológicos fundamentales: primero, el arrepentimiento, que implica tanto la conversión del corazón como el proceso de volverse de las seducciones y la iniquidad del imperio; segundo, la resistencia, que requiere discernimiento para ir tomando una postura concreta que impide el progreso del imperio.

G. Cook y R. Foulkes

Cook, G. y Foulkes R. (1990) *Comentario Bíblico Hispanoamericano*, quienes sin hacer a un lado las lecturas que se han hecho del Evangelio según Marcos en la historia de la Iglesia, ofrecen una lectura de este Evangelio desde y para la realidad social latinoamericana. Opinan que Marcos es un teólogo y, al igual que Marxsen, Lane y Taylor, creen que la estructura literaria de su Evangelio está al servicio de sus intereses teológicos. En esta perspectiva, Cook y Foulkes señalan que, aunque Marcos «dedica más espacio a narrar la vida de Jesús que a exponer sus enseñanzas», su preocupación es «marcadamente pedagógica» (p. 30), porque Jesús enseña mientras va de camino, con sus palabras y acciones, transmitiendo a los que le siguen su interés pedagógico. Además, afirman que la sanidad del endemoniado en el día de reposo (1.21–28) «señala el inicio del ministerio didáctico de Jesús» (p. 66), que tiene en la parábola su recurso didáctico central para articular las buenas nuevas del reino de Dios.

---

4   Para una discusión más amplia del significado de la metáfora «pescadores de hombres» en el Evangelio según Marcos (1.17), ver Cook y Foulkes (1990), Lane (1974), y Mateos (1982).

Jean Delome

Delome, J. (1990) *El Evangelio según San Marcos,* señala que los dos grandes principios unificadores del Evangelio son la enseñanza y la predicación de Jesús. También afirma que la autoridad de Jesús se manifiesta en la enseñanza y en la expulsión de demonios. Delome ofrece tres lecturas del Evangelio de Marcos: hace un análisis teológico de la geografía del Evangelio, un análisis del desarrollo del drama del secreto mesiánico, y finalmente pone atención a la relación entre Jesús y sus discípulos. En cuanto a la enseñanza de Jesús a sus discípulos, Delome afirma que Jesús estuvo con sus discípulos desde el principio, y que habló cuidadosamente y pedagógicamente de sí mismo distinguiendo tres etapas en el proceso de formación de los discípulos: el llamado de los discípulos (1.16–6.6); la formación de los discípulos (6.6–10); la revelación de Jerusalén (11–16). Delome, también habla del poder de la Palabra y señala que la enseñanza de Jesús es nueva porque tiene autoridad.

Xabier Pikasa

Pikasa, X. (1997) *Para vivir el evangelio: Lectura de Marcos,* a partir de una lectura narrativa y teológica del Evangelio de Marcos, y asumiendo las grandes intuiciones generadas por los estudios histórico-críticos, sostiene que este Evangelio es una proclamación que invita a los hombres a volverse al reino de Dios y, también, un manual que guía a los creyentes a seguir a Jesús en el camino del discipulado. Reconoce una diversidad de lugares en que Jesús realiza su misión como predicador y maestro del reino, distinguiendo entre los lugares cerrados como la sinagoga, el templo y la casa, y los lugares abiertos como el mar, la orilla del mar, el desierto y la montaña.

Guy Bonneau

Bonneau, G. (2003) *San Marcos: Nuevas lecturas,* ofrece una lectura literaria y sociológica del Evangelio tomando en cuenta la correlación entre el comportamiento social y las creencias de la comunidad de Marcos. Según Bonneau, Jesús actúa más como un profeta carismático que como maestro. Sin embargo, señala que Jesús dirige muchas instrucciones a sus discípulos en su viaje a Jerusalén. Para Bonneau,

Jesús atrae a los discípulos como un poderoso taumaturgo, subversivo para los representantes del orden establecido. Este autor comprende a la comunidad de los discípulos de Jesús más como una comunidad de profetas que como una comunidad de maestros.

Bonneau considera que el Evangelio tiene una dimensión didáctica, en la que Marcos «edifica su comunidad mediante diversos relatos y enseñanzas tomadas o inspiradas en la vida de Jesús» (p. 30), que alientan a la comunidad en un tiempo de persecución y la mueven hacia el futuro con esperanza.

Jean-Pierre Lémonon

Lémonon, J. P. (2004) *Jesús de Nazaret, profeta y sabio*, tiene mucho interés por la humanidad de Jesús y, por medio de un análisis histórico del Evangelio de Marcos, afirma que Jesús realiza la función de profeta y maestro sapiencial. Dice, además, que el componente central del mensaje profético de Jesús es el reino de Dios, que prepara a sus discípulos para un largo tiempo, sin inaugurar ningún tiempo escatológico. Lémonon enfoca en los dispositivos retóricos que Jesús utiliza para transmitir su sabiduría, entre los cuales menciona el aforismo, que resume una enseñanza de una experiencia de la generación pasada e invita a sus oyentes a tener una determinada conducta; además, señala que las declaraciones sapienciales de Jesús tienen la forma de proverbios, enigmas o apotegmas que también promueven cierta conducta. Lémonon propone una forma de construcción para las enseñanzas sapienciales: primero, Jesús llama a sus oyentes; segundo, invita a tener cierta actitud; tercero, presenta una referencia del comportamiento humano o algo que ha observado en la naturaleza; y, finalmente, deduce una enseñanza para la vida del discípulo (p. 48). Además, señala que la parábola, medio utilizado para hacer entender el sentido de su palabra, invita a la reflexión. En Marcos, según Lémonon, los discípulos debían dar muestras de entendimiento, como discípulos sabios, pero no logran entender a Jesús.

José María Castillo

Castillo, J. M. (2005) *El seguimiento de Jesús,* afirma que el seguimiento de Jesús es el núcleo y factor clave de la espiritualidad cristiana. Señala que la relación entre el cristiano y Jesús se profundiza en torno al seguimiento de Jesús, sugiriendo así la espiritualidad del camino. Castillo sugiere que la espiritualidad que se encuentra en los Evangelios no es una espiritualidad contemplativa, sino que tiene como propósito la imitación piadosa de Jesús. Según Castillo, Jesús enseña en diferentes ambientes a lo largo del camino, a toda clase de personas, como uno que está especialmente autorizado por Dios. También señala que cuando Jesús llama no da ninguna explicación, ni presenta un programa, ni una meta, ni habla de las implicaciones del llamado.

T. Beck, U. Benedetti, G. Brambillasca, Clerici y S. Fausti

Beck, T; Benedetti, U.; Brambillasca, G.; Clerici y Fausti, S. (2006) *Una comunidad lee el Evangelio de Marcos*, destacan dos grandes descubrimientos de los estudios histórico-críticos en el Evangelio de Marcos: primero, el Evangelio de Marcos es la base de la tradición sinóptica (Wilke 1838; Weisse 1839); y, segundo, la elaboración teológica del secreto mesiánico en el Evangelio (Wrede 1931). En sus meditaciones acerca del Evangelio de Marcos, Beck *et al.* (2006) dan por sentado estos dos grandes descubrimientos de la crítica histórica. A partir de esta base, comparten sus meditaciones comunitarias en torno al Evangelio de Marcos, no como un modelo, sino como una metodología que consta de cinco niveles de lectura: «presentación del texto y notas de explicación, significado teológico, actualización, aplicación a la vida y reflexión de fe» (p. 6). En cuanto a la teología de Jesús como Maestro, concluyen que Jesús siempre está enseñando en el Evangelio, pero no dice qué enseña. Lo que resulta claro para ellos es que, en el Evangelio de Marcos, el contenido de la enseñanza de Jesús es su misma persona, «también las parábolas (cap. 4) y el discurso escatológico (cap. 13)»; «las numerosas discusiones, los milagros, los exorcismos, y los varios dichos no hacen más que anunciarlo cada vez más claramente en su misterio» (p. 17).

N. W. Duran, T. Okure y D. Patte

Duran, N. W.; Okure, T. y Patte, D. (2011) *Mark*, ofrecen una serie de estudios hermenéuticos contextuales del Evangelio de Marcos, en los cuales reconocen el contexto de los autores bíblicos y el contexto de los intérpretes como factores decisivos y legítimos para la búsqueda contemporánea del significado de la literatura bíblica. Esto implica que se ha producido un desplazamiento de la crítica histórica a la crítica de la narrativa en los estudios bíblicos contemporáneos. Dentro de esta serie de estudios, se encuentra la obra de Vena, O. D. *The Markan Construction of Jesus as Disciple of the Kingdom*. Vena argumenta que el tema del discipulado es un «*novum* teológico» presentado por Marcos y desarrollado posteriormente por Mateo y Lucas (p. 75). Según Vena, cuando Marcos escribe, ofrece un retrato de Jesús con la esperanza de que su congregación entienda las implicaciones del seguimiento de Jesús en su propio contexto; entonces los primeros lectores del evangelio se encuentran con un solo modelo a seguir: Jesús, quien es presentado como el discípulo ideal del reino. Para Vena, en la narrativa de Marcos Jesús realiza su función como discípulo del reino, sometiéndose al bautismo de Juan (1.9–11), resistiendo la tentación en el desierto (1.12–13), llamando a los primeros discípulos y nombrando a los doce apóstoles (1.16–20; 3.13–19), enseñando el reino de Dios por medio de parábolas (4.1–20) y enviando a los doce discípulos a la proclamación del reino (6.7–13).

Sun Wook Kim

Kim, S. W. (2013) *Jesus' Missional Movement in Mark 4.35–8.21: Markan Spatial Presentation and Its Hermeneutical Significance*, estudia el movimiento misional de Jesús utilizando como herramienta hermenéutica el análisis espacial, que puede ser geográfico, social y simbólico. Señala que el espacio juega un rol importante para la producción del significado teológico de la misión de Jesús. Los espacios no son un depósito inerte y estático en donde tienen lugar las acciones misiológicas de Jesús, ya que revelan temas y propósitos en la narrativa. Kim establece el contraste entre el espacio de Galilea y el de Jerusalén. Galilea es influenciada por Jerusalén y está en conflicto con las autoridades de Jerusalén. También afirma que en Galilea Jesús realiza su misión como predicador, pero que en Jerusalén no presenta sermones, milagros o invitaciones al arrepentimiento. Kim también cree que la cristología, que gira en torno a la identidad de Jesús y a su poder, interactúa con el discipulado, dando más peso teológico a la cristología que al discipulado. También dice que el énfasis en la falta de comprensión de los discípulos magnifica la grandeza y el poder de Jesús de hacer milagros a pesar de la incomprensión de los discípulos.

Evaluación crítica del repaso de literatura

Los estudios histórico-críticos y los estudios crítico-literarios han generado conclusiones muy importantes acerca del Evangelio de Marcos. La *crítica sinóptica* ha afirmado la prioridad del Evangelio de Marcos sobre los Evangelios de Mateo y Lucas, señalando también que en la base de la tradición sinóptica está el Evangelio de Marcos. La *crítica canónica*, que se acerca al texto actual de Marcos con un renovado interés teológico y literario, sostiene que el Evangelio de Marcos fue escrito por el intérprete de Pedro, de lo cual dan testimonio los padres de la iglesia. La *crítica de la redacción* dice que Marcos tenía la intención de presentar a Jesús como el Cristo, el Hijo de Dios, lo cual orientó la elaboración de su Evangelio, teniendo en el «secreto mesiánico» su estrategia literaria, que oculta la identidad de Jesús como Cristo a lo largo del Evangelio, para revelarla en sus tramos finales.[5]

En cuanto a los estudios más recientes de Marcos, la *crítica socio-histórica* señala que «la comunidad de discípulos de Jesús no estaba posicionada económicamente y políticamente en el imperio. Y que, en el llamado a la conversión, Jesús invita a la gente a unirse a él para revertir al orden establecido» (Myers 1990, p. 132).

En relación a la función pedagógica de Jesús, aunque las escuelas histórico-crítica y socio-histórica han señalado en el Evangelio algunas funciones importantes de Jesús como maestro, no han construido un estudio hermenéutico y teológico comprensivo acerca de la pedagogía de Jesús. En esto, las escuelas histórico-críticas y las escuelas crítico-literarias se han quedado a deber. Por otro lado, se ha dicho que el factor decisivo del Evangelio de Marcos es la predicación de Jesús y que la enseñanza de Jesús está subordinada a la predicación. Sin embargo, según el análisis crítico-narrativo de este trabajo, es todo lo contrario: el factor decisivo del Evangelio de Marcos es la enseñanza de Jesús y

---

[5] Para una consideración más amplia y detallada de las grandes conclusiones histórico-críticas relativas al Evangelio de Marcos, ver Lane (1974); Taylor (1979); Brown (1997); y Barton (1998).

la predicación de Jesús está subordinada a la enseñanza. Es más, en este trabajo se transmite la intensa convicción de que la predicación de Jesús es una forma particular de enseñar en el Evangelio de Marcos. Se espera demostrar todo esto a lo largo del estudio.

La clave pedagógica del análisis

Jesús llama a cuatro pescadores galileos a seguirlo para convertirlos en pescadores de hombres (1.16–20). El llamado a seguirlo es una clara referencia al discipulado, y la expresión «pescadores de hombres» es una metáfora contextual que se refiere al carácter y la función de los líderes. Jesús llamó a un puñado de pescadores galileos para convertirlos en líderes, y el discipulado fue la ruta que siguió para lograr ese fin. Pero Jesús no quería convertir a sus seguidores en cualquier clase de líderes; quería convertirlos en líderes del reino de Dios y para el reino de Dios.

Es notable que el tema central de la enseñanza de Jesús en el Evangelio de Marcos es el reino de Dios. Jesús no sólo enseña del reino de Dios con sus palabras, también lo enseña con sus acciones. Jesús modela a sus seguidores qué es vivir el reino de Dios.

Algunos estudios del Evangelio de Marcos han señalado que Jesús realizó la función de maestro, pero ninguno ha considerado que en el llamado que Jesús hizo a los primeros cuatro pescadores a seguirlo se encuentra la visión pedagógica de Jesús —formar líderes del reino de Dios— y que el discipulado es la metodología pedagógica de Jesús para lograrlo. Es a partir de esta clave hermenéutica y pedagógica que se desarrollará el presente *análisis crítico-narrativo de la pedagogía de Jesús en el Evangelio de Marcos*.

El modelo quinario de Marguerat y Bourquin como herramienta de análisis

Para la realización del presente análisis crítico-narrativo se utilizará el modelo quinario de Marguerat y Bourquín (2000), que estructuran una trama narrativa en una secuencia de cinco grandes etapas o movimientos: primero, la situación inicial; segundo, el nudo; tercero, el clímax; cuarto, el desenlace; y quinto, la situación final.

La primera etapa, *la etapa de la situación inicial*, describe el ambiente de fondo de toda la acción que sucede en el relato, presenta los personajes del relato vinculados a un protagonista, y señala una limitación o deficiencia cuya superación se demuestra a lo largo del relato. Esta deficiencia desencadena la tensión narrativa y dramática del relato.

La segunda etapa, *la etapa del nudo*, sigue secuencialmente a la situación inicial. En el nudo aparecen los grandes obstáculos que deben ser superados para eliminar la deficiencia o la limitación señalada en la situación inicial. En el nudo se complica la misión de Jesús de convertir a sus discípulos en líderes y, mientras se desarrolla la trama narrativa, todo se va complicando más y más, de manera progresiva.

La tercera etapa, *la del clímax* o *dinamismo transformador*, sigue a la etapa del nudo. En el clímax se supera la deficiencia o limitación de la situación inicial. Esta superación supone un gran momento de cambio que resulta como consecuencia de un proceso de transformación o de una acción transformadora, o de ambos. Este momento de cambio puede ser del *orden pragmático*, es decir, del poder hacer; o del *orden de revelación*, es decir, del orden del conocimiento.

La cuarta etapa es la *etapa del desenlace*. Esta etapa es la contraparte del nudo. Si en el nudo todo se complica, en el desenlace todo comienza a solucionarse; la tensión dramática y narrativa comienza a desaparecer o desaparece. La etapa del desenlace muestra los efectos inmediatos del clímax o dinamismo transformador. El desenlace puede traer felicidad a los personajes del relato o causar angustia y dolor. Pero el desenlace señala cómo puede terminar la trama narrativa.

La quinta etapa es la *etapa de la situación final*. En ella se describe brevemente el estado final de los personajes una vez que han superado el desenlace. Es el final de toda la trama narrativa.

La pedagogía de Jesús en Marcos y el modelo de Marguerat y Bourquin

Siguiendo el esquema quinario de Marguerat y Bourquin, la trama narrativa de la pedagogía de Jesús en el Evangelio de Marcos está constituida por cinco grandes etapas o movimientos, a partir de un protocolo de lectura (1.1–3): primero, el movimiento de la situación inicial (1.4–20); segundo, el movimiento del nudo (1.21–3.19); tercero, el movimiento del clímax[6] (3.20–10.52); cuarto, el movimiento del desenlace (11.1–16.18); y, quinto, la situación final (16.19–20).

En la situación inicial (1.4–20) comienza la trama narrativa del Evangelio, teniendo como marco de fondo los espacios histórico-culturales de la región de Galilea y la ciudad de Jerusalén, que son espacios geográficos y económicos, sociales, políticos y religiosos contrastados y opuestos. En la situación inicial, Marcos presenta a Jesús como el gran protagonista que emerge en la deprimida y olvidada región de Galilea y que realiza las funciones de predicador y maestro. También se presentan los discípulos de Jesús, los escribas y el pueblo como los otros personajes de la trama narrativa, todos inevitablemente vinculados a Jesús, el héroe del relato. En la situación inicial, Jesús invita a cuatro pescadores galileos a seguirlo, quienes inmediatamente aceptan la invitación, dejan todo atrás y comienzan a seguirlo. Este es el primer llamado de Jesús a sus primeros seguidores, un llamado a seguirlo. Los pescadores galileos aceptan el llamado que Jesús les hace, a partir del cual se desencadena la trama narrativa y dramática de la pedagogía de Jesús. Todo el Evangelio demostrará que Jesús se dedica a su tarea de maestro para convertir a sus humildes seguidores en pescadores de hombres.

En el nudo (1.21–3.19), a partir de la introducción del tema de la enseñanza nueva de Jesús (1.27), comienza a complicarse la misión de Jesús como maestro. La enseñanza de Jesús es radicalmente nueva porque enseña con autoridad y no como los escribas (1.22). La enseñanza de Jesús es nueva porque enseña con demostraciones extra-ordinarias de poder.

En el nudo, Jesús expulsa un espíritu inmundo de un hombre, en la sinagoga de Capernaum (1.23–26), causando una gran conmoción entre la gente que asombrada se pregunta por el significado de la nueva enseñanza de Jesús, significado que Marcos descubrirá en su narrativa. En el Evangelio de Marcos es importante que Jesús enseñe de un modo

---

6 Aunque Marguerat y Bourquin identifican esta tercera etapa como dinamismo transformador, en este trabajo preferimos llamarla clímax, porque en ella se produce el gran cambio que señala la superación de la limitación planteada en la situación inicial. Esta superación es generada por el dinamismo transformador, a nuestro gusto un proceso de transformación o por una acción transformadora.

nuevo, pero igual de importante o quizá más importante es el significado de su enseñanza. La cuestión del significado de la nueva enseñanza de Jesús presenta la tensión dramática entre Jesús y los escribas, sus discípulos y la gente que lo sigue a todas partes. En el movimiento del nudo tiene lugar el primer gran bloque de la enseñanza de Jesús, el cual termina con un segundo llamado de Jesús a sus discípulos (3.13–19), y el cual presenta también el movimiento del clímax. En el segundo llamado (3.4–19), a partir de los humildes pescadores que ya lo siguen, Jesús forma su comunidad de discípulos llamándolos por su nombre y revelándoles el propósito de Dios para su vida.

En el movimiento del clímax (3.20–10.52), además, Jesús comparte con la gente y sus discípulos sus grandes enseñanzas del reino de Dios, sus enseñanzas prácticas acerca de la fe. Allí también comienza a anunciar su muerte y resurrección. El clímax es un movimiento extenso en la narrativa partido en dos (3.20–6.6; 6.14–10.52) por el tercer relato del llamamiento de Jesús a sus discípulos, mediante el cual Jesús los envía a predicar de dos en dos (6.7–13). En el clímax, los discípulos viven grandes momentos de transformación, que demuestran que han desarrollado las competencias básicas para comenzar a funcionar como pescadores de hombres en la presencia y bajo la supervisión de su maestro. ¡Comienzan a predicar y reconocen a Jesús como el Cristo! ¡Tienen el conocimiento y las habilidades que se requieren para comenzar a funcionar como pescadores de hombres! La secuencia de anuncios de la muerte y resurrección de Jesús (8.31–38; 9.30–32; 10.32–34) empalma el movimiento del clímax con el movimiento del desenlace.

En el movimiento del desenlace (11.1–16.18), Jesús expulsa a los comerciantes y a los cambistas del templo para ofrecer allí sus últimas enseñanzas. En este movimiento se encuentran los grandes efectos de las acciones realizadas en el movimiento del clímax. En el movimiento del desenlace, al cual corresponde el tercer bloque de enseñanzas de Jesús, se puede ver cómo sus enseñanzas en el templo precipitan finalmente la secuencia de la pasión, que termina triste y dolorosamente con su muerte. Pero esta no tiene la última palabra porque el Maestro resucita para enviar a predicar a sus discípulos a todas las naciones.

En la situación final (16.19–20) hay una breve descripción del estado de todas las cosas una vez que ha tenido lugar el desenlace: el

Señor es recibido en el cielo y los discípulos comienzan a fungir como pescadores de hombres en ausencia de su Maestro. Salen a predicar a las naciones. El siguiente esquema aclara la lógica y la secuencia del presente análisis narrativo de la pedagogía de Jesús en el Evangelio de Marcos:

Esquema del análisis narrativo de la pedagogía de Jesús en el Evangelio de Marcos

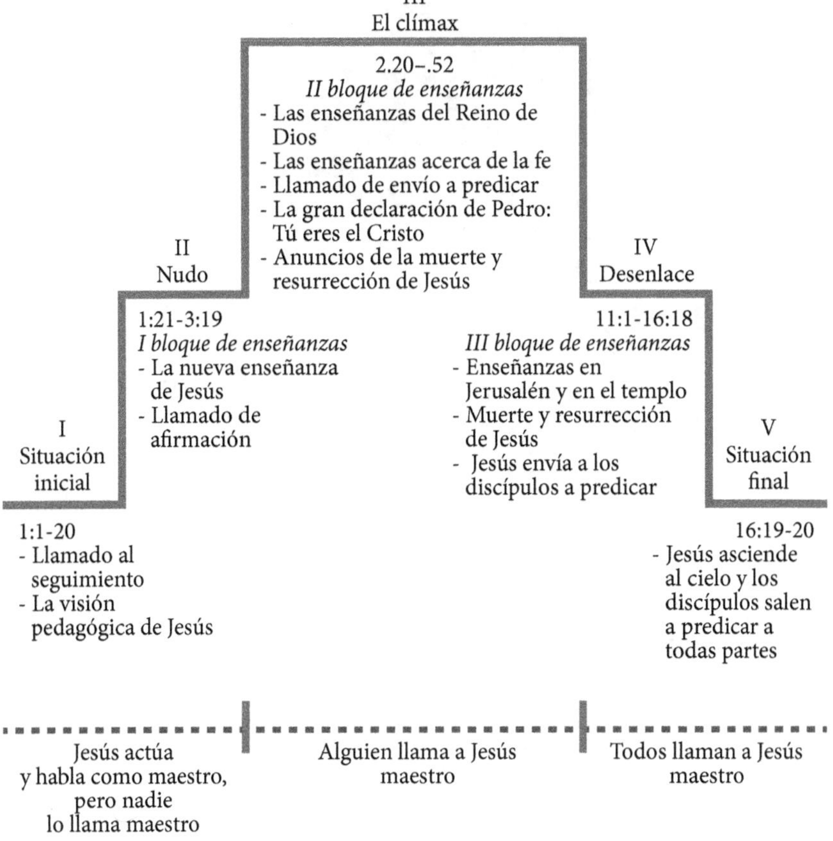

En el presente análisis crítico-narrativo, además de identificar algunos grandes principios de la enseñanza de Jesús y sus grandes componentes, se intentará responder a las siguientes preguntas pragmáticas: primero, ¿cuál es la estrategia narrativa de Marcos para comunicar que Jesús el Cristo es, ante todo, maestro?; segundo, ¿cómo se construye la narrativa de la enseñanza de Jesús?, ¿cómo se presenta?, ¿cuáles son sus ciclos y sus límites?, ¿qué hilos entrelazan los episodios más cortos?, ¿cómo se articulan los diversos episodios en la secuencia?, ¿qué transformaciones se experimenta de un extremo al otro del ciclo?; tercero, ¿cuáles son los grandes componentes de la enseñanza de Jesús?, ¿cuáles son sus grandes contenidos?, ¿cómo realiza Jesús la acción de enseñar?; cuarto, ¿cuál es el efecto de la enseñanza de Jesús en sus oyentes, particularmente en sus discípulos?

Capítulo 2

La visión pedagógica de Jesús

El protocolo de lectura (1.1–3)

Marcos inicia su relato evangélico con un protocolo de lectura[7] (1.1–3) el cual, a modo de un enunciado profético, señala que su relato debe ser leído y comprendido como evangelio, y no como otro escrito. Este protocolo, además, presenta a Jesús —con la identidad extraordinaria de *Cristo, Hijo de Dios*— como el personaje central y fundamento absoluto del evangelio, situando a todos los demás personajes —profetas, discípulos, ángeles, espíritus inmundos, escribas, fariseos, familia de Jesús, Satanás— en relación inevitable con Él.

En el protocolo de lectura, Marcos hace una hermenéutica analéptica[8] de Jesús, evocando el dúo profético de Malaquías e Isaías para afirmar que Jesús el Cristo, Hijo de Dios, es también el *Señor,* y que Juan el Bautista, el profeta solitario del desierto, es el mensajero divino que ha venido a prepararle el camino como su ayudante.

El protocolo de lectura es la clave teológica y hermenéutica para la construcción de la narrativa del Evangelio y para la comprensión

---

[7] El protocolo de lectura de un texto narrativo se conoce también con el término latino *incipit,* que significa «empieza», refiriendo a las primeras frases con las que inicia un texto narrativo. Estas primeras frases tienen la función de poner al lector en contacto con el texto, señalando la intención del autor y cómo este desea que su texto sea leído. El protocolo de lectura o *incipit,* es un *peri-texto,* lo que rodea al texto, lo que se dice antes del texto, pero que no es el texto; ver Marguerat y Bourquin (2000).

[8] La *analepsis* es la evocación de un acontecimiento pasado para interpretar hechos nuevos que corresponden al presente, ver Marguerat y Bourquin (2000).

de su significado. Este protocolo introduce a los lectores al mundo del Evangelio, pero no es parte del evangelio, es un *peri-texto*, un enunciado que rodea el texto, pero que no es el texto todavía.

La situación inicial (Mr 1.4–28)

Según la narratología,[9] en una trama narrativa,[10] al protocolo de lectura le sigue la situación inicial,[11] la cual ofrece información sobre el marco temporal, geográfico y social en que se desarrolla la trama, identifica los grandes personajes del relato y, además, señala la incompetencia o deficiencia cuya superación se intentará mostrar en el relato[12]. En los primeros compases del Evangelio de Marcos, parece imposible que Jesús pueda convertir a los pescadores galileos que comienzan a seguirlo en pescadores de hombres, líderes que otras personas quisieran seguir. Nadie podría esperar algo bueno de ellos: son unos pescadores galileos que se ganan el pan de cada día con el sudor de su frente; ¿quién podría esperar que estos humildes pescadores galileos, que no tienen dinero ni mucha educación, puedan llegar a ser líderes? Pero Jesús apuesta por ellos. Él no solo ve lo que ellos son, sino también lo que ellos pueden llegar a ser. Jesús ve en sus seguidores lo que otros no pueden ver. Jesús quiere que sus discípulos lleguen a ser pescadores de hombres y sabe qué camino debe seguir para lograrlo.

---

[9] La narratología es la ciencia que estudia la estrategia que utiliza el autor de un texto para hacer que el lector se comprometa con el texto, ver de Wit (2002); para otros, la narratología es la ciencia que se dedica al estudio de los textos narrativos, ver Marguerat y Bourquin (2000).

[10] La trama narrativa es la organización de acontecimientos sucesivos en el tiempo conectados por el principio de la causalidad, ver Marguerat y Bourquin (2000); la trama narrativa es considerada también como secuencia narrativa que prioriza la acción sobre el análisis psicológico de los personajes, ver Ska, Sonnet y Wénin (2001); además, la trama narrativa se puede ver como una estructura al servicio del narrador, quien mediante una estrategia pretende producir un efecto en el lector u oyente, ver Osborne (1991).

[11] La situación inicial es el primer momento, movimiento, etapa o fase de una trama narrativa, ver Marguerat y Bourquin (2000).

[12] Marguerat y Bourquin señalan que el relato es el «discurso que enuncia hechos articulados entre sí por la sucesión en el tiempo (orden cronológico) y por el vínculo de la causalidad (orden de configuración). El relato es el producto de la actividad narrativa» (2000)

Los espacios de Judea y Galilea[13]

La situación inicial del Evangelio de Marcos acontece en los espacios de Judea (1.5, 9) y Galilea (1.9, 14, 16). En el desierto de Judea emerge la figura enigmática y misteriosa del profeta Juan el Bautista, predicando el bautismo en aguas para *arrepentimiento* y el *bautismo con el Espíritu Santo* (1.4–8). El desierto de Judea es el epicentro de un avivamiento espiritual cuyas ondas sacuden a toda la provincia de Judea y particularmente a la ciudad de Jerusalén. Toda la ciudad de Jerusalén sale entusiasmada al desierto para escuchar el poderoso discurso profético de Juan. Mientras tanto, Jesús se desplaza de Nazaret de Galilea al río Jordán para ser bautizado por Juan (1.9). En el momento de su bautismo, cuando Jesús sube de las aguas, Dios el Padre le afirma en su identidad de Hijo, en quien se agrada. Después de ser afirmado como su Hijo por el Padre, Jesús vive un drama apocalíptico personal: es ungido por el Espíritu (1.11), luego es impulsado por el mismo Espíritu al desierto para ser tentado por Satanás. Jesús tiene la gran oportunidad de afirmarse como el Hijo amado de Dios en las tentaciones del desierto. Mientras Jesús sufre toda tentación de Satanás, los animales salvajes del desierto están con él y los mensajeros divinos le sirven (1.12–13). ¡Qué contraste! Mientras Satanás lo tienta para destruir su carácter como Hijo de Dios, a fin de hacerlo fracasar antes de comenzar su misión como Hijo, le sirven a Jesús los mensajeros divinos. Pasada la prueba, Jesús sale del desierto fortalecido en el Espíritu.

Luego de haber pasado la prueba del desierto, aunque Jesús sabe que es el Hijo de Dios y que ha sido ungido por el Espíritu para realizar su misión, no da inicio a ésta de inmediato, sino que espera el momento oportuno. Cuando oye que Juan ha sido encarcelado, Jesús sabe que su tiempo ha llegado. Comienza su misión predicando la buena noticia reino de Dios (1.14, 15), invitando a la gente a poner toda su confianza

---

[13] El marco espacial sugiere claves hermenéuticas para el análisis narrativo de la misión de Jesús en el Evangelio de Marcos. Hay que considerar varios espacios en la interpretación de este Evangelio: el geográfico, el político-social, el religioso, y el simbólico. El marco espacial del Evangelio es una realidad dinámica que, además de enmarcar el movimiento misional de Jesús, genera significados inexplorados del Evangelio, ver Sun Wook Kim, *Markan Spatial Presentation and its Hermeneutical Significance* (2013).

en esta buena noticia y a cambiar de vida. Que Jesús haya llevado la buena noticia del reino de Dios a Galilea, la región más pobre de la nación, es una gran sorpresa.[14] Sorprende que Jesús comience su misión como predicador entre los pobres y marginados de la nación. La misión de Jesús está relacionada principalmente con la vida de los pobres de la región de Galilea. La narrativa de Marcos se encarga de contar los alcances de la misión de Jesús entre ellos. Jesús comienza a realizar su función como maestro en el mundo del Evangelio haciéndose de sus primeros cuatro discípulos (1.16–20), cuatro humildes pescadores galileos de quienes nadie esperaba algo importante.

En la construcción de su gran narrativa, Marcos contrasta el espacio geográfico-cultural de Galilea con el espacio de la gran ciudad de Jerusalén, ambas dentro del gran marco del espacio de Israel, una nación que política, económica y militarmente está sometida a regañadientes al imperio romano. En ese marco, Galilea se describe como una región empobrecida —pero con anhelos de libertad— por lo cual tiene una buena disposición para escuchar y creer las buenas noticias del reino de Dios que Jesús está anunciando. Por el contrario, la ciudad de Jerusalén es el centro político, religioso y económico dominante de la nación, acomodada al orden político y económico impuesto por Roma, una ciudad cuyos habitantes no están dispuestos para escuchar el evangelio que Jesús proclama y enseña. Galilea es una región históricamente sometida a la ciudad de Jerusalén[15] y al imperio.

---

[14] En el inicio de su Evangelio, Marcos señala el desplazamiento espacial de Jesús —Galilea-Judea-Galilea— que anticipa el itinerario misional de Jesús a lo largo del Evangelio, ver Belo (1975).

[15] Galilea era la región más rica y poblada en los tiempos de Jesús. Sin embargo, a causa de la pesada carga tributaria impuesta por Roma, la alteración de esta carga por los cobradores de impuestos y la malversación de fondos, las privaciones de los habitantes de Galilea y de todo Israel se multiplicaron; por lo cual, Galilea fue la región israelita más hostil al imperio romano, constituyéndose en la cuna del movimiento de los zelotas, que se oponía al pago de los impuestos a Roma. Por otro lado, Jerusalén era el centro de poder político, religioso y económico: Herodes tenía su palacio en Jerusalén, y desde allí gobernaba con el visto bueno del imperio; el templo de Jerusalén era el centro de producción y reproducción del lenguaje religioso que sustentaba el poder político; el lenguaje religioso y del culto era el lenguaje de los sacerdotes y escribas de Jerusalén, ver Belo (1975). Según Myers (1990), el Evangelio de Marcos es una narrativa desde y para el pueblo palestino del primer siglo: los enfermos, los pobres, y los marginados sociales, eran la inmensa mayoría de la sociedad palestina; al final del Evangelio se encuentra que

Pero Jesús de Nazaret se encarga de la realidad de la existencia humana de los galileos, haciendo suyo su lucha por la libertad.

En el Evangelio de Marcos, el encarcelamiento de Juan el Bautista[16] es un acto represivo de quienes manejan los hilos del poder en Jerusalén, quienes no están dispuestos a tolerar que el pueblo escuche un mensaje diferente a su discurso oficial (1.4–8).[17] Los líderes políticos y religiosos de Jerusalén están dispuestos a cometer descomunales actos sangrientos de injusticia para silenciar a quienes, honrando la verdad y la justicia, generan esperanza por un mundo mejor para todos.

Los líderes de Jerusalén encarcelan al profeta Juan (1.14), quien luego será horrorosamente decapitado, anunciando el trágico destino que podría tener Jesús por dedicarse a las funciones de predicador y maestro del reino de Dios. Los líderes políticos y religiosos de Jerusalén encarcelan a Juan para que ya no predique. Pero la palabra profética no puede ser encarcelada. Tan pronto Juan desaparece de la escena pública, emerge la figura de Jesús como predicador y maestro del reino de Dios en la región de Galilea. El reino que Jesús comienza a predicar y enseñar, no es ni será jamás el reino de los líderes políticos y religiosos de Jerusalén.

La construcción de la situación inicial

Marcos conecta el protocolo de lectura (1.1–3) con la situación inicial (1.4–28) mediante el micro-relato o episodio del ministerio profético de Juan en el desierto (Mr 1.4–8). A este episodio le sigue una breve secuencia de otros dos episodios, que apuntan a la preparación de Jesús para su misión. En el primero de estos dos episodios (1.9–11), el protagonismo de Juan disminuye, ya que aparece solo bautizando a

---

el pueblo ha rechazado a Jesús, manipulado por los líderes políticos y religiosos de Jerusalén, quienes temen cualquier potencial de insurrección que amenace el orden establecido, ver Schmid (1981); Durán, Okure, Patte (2011); Mateos (1982); Delorme (1990).

[16] El episodio de la muerte de Juan el Bautista es un relato *proléptico* porque anticipa el destino de Jesús como profeta y maestro, ver Ska, Sonnet y Wénin (2001).

[17] Según Hengel (1985), los verdaderos adversarios de Jesús fueron los integrantes del Sanedrín, la institución política y religiosa más poderosa de Israel, formada por los sacerdotes líderes de las grandes familias sacerdotales, la nobleza de la nación representada en los ancianos y los escribas expertos en la interpretación de la ley.

Jesús. En contraste, la figura de Jesús emerge en la escena del Evangelio siendo bautizado por Juan y recibiendo al Espíritu[18] que desciende sobre Él. En el segundo episodio (1.12, 13) Jesús aparece en el desierto resistiendo todas las tentaciones de Satanás. A esta breve secuencia de preparación de Jesús para la misión, le sigue un breve sumario de la predicación de Jesús (1.14–15); un primer relato de vocación de Jesús a sus primeros seguidores, en el que Jesús comparte con ellos una hermosa visión pedagógica que los implica (1.16–20); y el relato que se refiere a la primera demostración extraordinaria de autoridad de parte de Jesús, al expulsar de un hombre a un espíritu inmundo en la sinagoga de Capernaum (1.21–28). En el mencionado primer relato de vocación (1.16–20), porque hay otros dos relatos de vocación importantes a lo largo de la trama narrativa de Marcos, Jesús llama a cuatro pescadores galileos para que lo sigan. Este es el llamado para el seguimiento. Este llamado funge como un dispositivo de transición que cierra su condición de vida como pescadores y los introduce a una nueva situación de vida como discípulos. En este primer llamado, ellos experimentan un cambio importante. Dejan todo atrás y comienzan a seguir a Jesús.

La estructura de la situación inicial del Evangelio de Marcos comunica que la preparación de Jesús para la misión precede necesariamente al inicio de su misión como predicador y maestro. Es decir, en base al análisis estructural de la situación inicial es posible afirmar que el descenso del Espíritu y la superación de toda clase de tentación en el desierto son acontecimientos que preparan a Jesús para el inicio de sus tareas misionales.

La narrativa de la situación inicial del Evangelio de Marcos también da cuenta de un cambio notable en el personaje de Jesús: Al principio, Jesús aparece como un personaje silencioso y solitario que se somete a la misión de Juan el Bautista. Sin embargo, después de haber experimentado el descenso del Espíritu y de haber rechazado toda tentación de Satanás, Jesús rompe su silencio proclamando el evangelio del reino de Dios y asumiendo su rol como maestro, haciéndose de

---

[18] La capacitación del Espíritu para iniciar la misión, y la realización de esta misión en la fuerza y dirección del Espíritu, serán la marca de autoridad extraordinaria de la misión de Jesús hasta el final del Evangelio.

sus primeros discípulos.[19] Jesús comienza a realizar sus funciones como predicador y maestro con una demostración extraordinaria de autoridad en la sinagoga de Capernaum, al echar de un hombre a un espíritu inmundo. Con ello Jesús comienza a convertirse en la figura poderosa en torno a la cual girará todo el Evangelio.

Los primeros seguidores de Jesús también viven un cambio radical en la situación inicial. Hacen suya la visión que Jesús tiene para ellos. Saben ahora lo que quieren. Quieren ser pescadores de hombres. El anhelo de concreción de esta visión hace que los pescadores galileos tomen una decisión muy arriesgada: dejan atrás a sus amados, sus tareas cotidianas y sus cosas, ponen toda su confianza en Jesús y comienzan a seguirlo. Al final de la situación inicial, Jesús ha dejado de ser una figura silenciosa y solitaria. Rompe el silencio y empieza a hablar como predicador y maestro. Y los cuatros humildes pescadores galileos comienzan a seguirle.

La presentación de los personajes en la situación inicial del Evangelio

En la situación inicial, Marcos presenta los personajes centrales de su Evangelio. *Presenta a Jesús como el gran héroe* que comienza a predicar y enseñar acerca del reino de Dios, en el poder del Espíritu (1.10) y siguiendo la dirección del Espíritu (1.12). El Espíritu es otro personaje importante que aparece junto a Jesús y con quien coopera. Después de mostrar a Jesús como predicador del reino, Marcos lo presenta caminando a orillas del mar de Galilea, observando a los pescadores galileos ocupados en sus tareas cotidianas, y acercándose a ellos para invitarlos a seguirle. Todas estas acciones, aunque parezcan ordinarias no lo son. Jesús las realiza en el poder del Espíritu y bajo su dirección. A partir de estos episodios que nos señalan el comienzo de la misión de Jesús, Marcos establece el modo en que Jesús realizará su misión hasta el final del Evangelio. Esta misión la realizará en la presencia y en el poder del Espíritu.

---

[19] La situación inicial del Evangelio de Marcos tiene una trama de resolución porque en Jesús, el gran protagonista del Evangelio, se opera un cambio de estado como resultado del descenso del Espíritu sobre su vida, ver Marguerat y Bourquin (2000).

Los pescadores galileos son el personaje colectivo más importante de todos los personajes de reparto que Marcos presenta en la situación inicial aunque, al igual que los otros personajes, aparecen subordinados a la majestuosa figura de Jesús. Se presentan como trabajadores incansables que observan la manera en que Jesús se les acerca, que escuchan su llamado a seguirlo, y que finalmente toman la decisión arriesgada de hacerlo. Son trabajadores que saben lo que quieren, por eso asumen grandes riesgos.

El *pueblo* se presenta como otro personaje colectivo *importante*, pero no con la envergadura del personaje colectivo de los pescadores galileos. El pueblo aparece retratado escuchando de buena gana la predicación y enseñanza de Jesús en los espacios públicos. El pueblo tiene criterio para discernir que Jesús enseña de una manera diferente a la de los escribas. Por eso el pueblo se admira de su enseñanza. *Los espíritus inmundos* aparecen como instrumentos de opresión espiritual al servicio de Satanás. No resisten la poderosa presencia de la persona de Jesús. Y no pueden estar cerca de Jesús sin ponerse a ellos mismos en evidencia usando palabras engañosas para intentar tener algún control de Jesús.

Los escribas son el último personaje colectivo, que aparece casi al final de la situación inicial. Se presentan cuestionando interiormente, y en silencio, la actuación de Jesús, que asume la autoridad de perdonar pecados a un paralítico, autoridad que corresponde solo a Dios. A partir del final de la situación inicial, la relación entre Jesús y los escribas se hará más tensa y profunda.

Los símbolos teológicos

La secuencia de acciones que corresponde a la situación inicial del Evangelio de Marcos, en perspectiva profética y pedagógica, se desenvuelve en ubicaciones geográficas que tienen un riquísimo significado simbólico.[20] El desierto de Judea hace recordar el espacio de muerte que

---

[20] Sun Wook Kim, afirma que los espacios geográficos del Evangelio de Marcos no son realidades inertes y estáticas que sólo enmarcan el espacio donde los eventos tienen lugar; por el contrario, son realidades dinámicas que revelan significados simbólicos que sugieren nuevos matices a la teología de la narrativa (2013); por otro lado, Daniel Marguerat, ha dicho que la narrativa de Marcos se ha estructurado

YHWH utilizó para constituir al pueblo de Israel, mediante la revelación de su palabra en el monte Sinaí y por medio de las diversas pruebas que Israel encaró en su éxodo hasta la tierra prometida.[21] En consecuencia, en la situación inicial de la trama del Evangelio de Marcos, el desierto de Judea es el lugar donde se entrega y escucha la palabra profética (1.4, 5), y el lugar de constitución del nuevo Israel de Dios.

El mar de Galilea[22] también tiene un rico significado simbólico, que evoca la extraordinaria apertura de las aguas del mar Rojo para permitir la huida a pie de los israelitas del ejército del faraón. El paso del mar Rojo marcaría profundamente la identidad cultural y nacional del pueblo de Israel. De la misma manera, el mar de Galilea marca de un modo nuevo la identidad cultural de los discípulos de Jesús que viven *en* el reino de Dios y *para* el reino de Dios.

Por otro lado, Jerusalén, con sus grandes escuelas rabínicas y su majestuoso templo, debiendo ser el ícono de una ciudad con una espiritualidad vibrante, se ha convertido en una ciudad que religiosa y teológicamente está muerta. Galilea es el polo opuesto de Jerusalén.[23] Galilea es una región pobre, oprimida por los líderes políticos y religiosos de Jerusalén; sin embargo, es una región que Dios ama y dignifica.

---

en torno a imágenes y figuras que evocan acontecimientos del Antiguo Testamento (2008).

[21] Según Beck, Benedetti, Brambillasca, Clerici y Fausti, el desierto tiene un significado teológico que hace referencia a «una experiencia religiosa particularmente intensa, nueva, decisiva y dramática, como lo fue antiguamente el paso del pueblo hebreo a través del desierto de Sinaí» (2006, p. 24). El desierto fue el espacio del éxodo del pueblo de Israel o el lugar de refugio de los fieles que esperaban su liberación; Jesús fue tentado en el desierto como el pueblo de Israel, Myers (1990, p. 125). Cook y Foulkes señalan que la palabra hebrea para desierto es «midbar», que significa «el lugar de la palabra» (1990, p. 40).

[22] En el Evangelio de Marcos se llama mar de Galilea al lago de Genesaret, que tiene cerca de 200 kms. cuadrados, siendo la vía marítima natural de contacto entre Galilea, Perea y otros pueblos pesqueros de las costas oeste y norte, ver Taylor (1979) y Lane (1993); según Cook y Foulkes, las aguas del mar simbolizan el poder del mal y la rebelión de las naciones contra Dios; sin embargo, en el Evangelio de Marcos el mar de Galilea es el espacio de enseñanza y revelación de la verdad de Dios a los pobres (1990).

[23] La confrontación entre Galilea y Jerusalén es clave para entender la realidad social de estas dos regiones, ver Wook Kim (2013); además, la geografía de Marcos es teológica, por lo tanto, la oposición entre Galilea y Jerusalén es importante para la comprensión teológica del conjunto del libro, ver Delome (1990).

La visión pedagógica de Jesús

En la situación inicial del Evangelio de Marcos (1.4–20), nadie reconoce a Jesús como maestro ni lo llama como tal. Sin embargo, en su llamado a los pescadores galileos a seguirlo,[24] Jesús realiza su primera actividad como maestro: se hace de sus primeros discípulos. Nadie puede ser maestro si no tiene a quién enseñar. En esta invitación, Jesús comparte con los pescadores galileos su gran visión pedagógica. Y, vaya qué visión. Esta es una visión que los inspira y los pone a caminar. Siguiendo a Jesús llegarán a ser pescadores de hombres, líderes a quienes otros seguirán.

Según el Evangelio de Marcos, Jesús llama a los pescadores galileos diciéndoles: «Venid en pos de mí, y haré que seáis pescadores de hombres» (1.17). Jesús quiere convertir a estos pescadores galileos en pescadores de hombres. Esta es la gran visión pedagógica de Jesús.

La expresión «pescadores de hombres», es una metáfora contextual[25] que Jesús utiliza para referirse al carácter y a las funciones de un líder. Según el Evangelio de Marcos, Jesús desea que sus seguidores se conviertan en líderes que inspiren a otros hombres a seguirlos. Pero Jesús no quiere que sus seguidores sean como otros líderes de la época; desea que sus seguidores sean líderes de un nuevo orden en el mundo. Jesús sabe que sus discípulos no podrán influir en otros para que los sigan y estén con ellos, a menos que lleguen a ser líderes que viven *en* el reino de Dios y *para* éste.

---

[24] No ha faltado quien haya señalado que Jesús llamó a sus discípulos a seguirlo y no a imitarlo porque la idea de imitar a Jesús no está presente en los Evangelios, ver Castillo (2005).

[25] Es claro que la expresión «pescadores de hombres» es una metáfora contextual que ha tenido muchas interpretaciones variadas. Aunque la metáfora aparece en Jeremías 6.6, asociándose con los ejércitos extranjeros que son instrumentos del juicio de Dios, es posible que haya sido sugerida por el oficio cotidiano de los llamados, ver Taylor (1979); ver también Beck, Benedetti, Brambillasca, Clercy y Fausti (2006); además, Lane (1974) ha señalado que en la tradición profética del Antiguo Testamento, Dios es el pescador de hombres, enfatizando sus acciones divinas de juicio sobre los hombres. Por otro lado, Belo (1975) ha señalado que «pescadores de hombres» es una metáfora estratégica que se refiere a un proyecto de Jesús para sus discípulos; ver también Mateos (1982).

Jesús tiene claro su propósito:[26] desea transformar a sus discípulos en líderes del reino de Dios y que otras personas quieran seguirlos. Además, Jesús sabe el *método,* el camino que debe seguir para lograrlo; y ese camino es el seguimiento de Jesús, el camino del discipulado.

La primera parte del llamado, «Venid en pos de mí…», es una clarísima referencia al discipulado, al seguimiento de Jesús; y la segunda parte, «…y haré que sean pescadores de hombres», remite al proceso de cambio y transformación que los discípulos deben experimentar para llegar a ser pescadores de hombre. En este camino, los seguidores de Jesús escucharán y harán suyas las predicaciones, pero, sobre todo, las enseñanzas de Jesús. Ambas partes de la invitación de Jesús a los humildes pescadores galileos están separadas por la conjunción «…καί…», lo cual puede significar que la segunda parte del llamado es consecuencia de la primera: la transformación de los pescadores galileos en pescadores de hombres es la gran consecuencia del seguimiento de Jesús. Para ser líder comprometido con el reino de Dios hay que seguir a Jesús. Y nadie puede ser líder del reino de Dios sin haber seguido a Jesús primero. Y todo aquel que sigue a Jesús en serio llega a ser líder del reino. Esto fue, es y será así. Esta es la lógica de la enseñanza de Jesús y sus alcances para el reino de Dios.

Los pescadores galileos no podían llegar a ser líderes del reino sin haber seguido a Jesús, sin haber sido sus discípulos primero. Y el liderazgo del reino no es el resultado inmediato o casi inmediato de una sola acción o unas cuantas acciones sin conexión en el tiempo, sino un proceso de cambio que toma tiempo. El discipulado es el camino, el método, que Jesús sigue para convertir a los pescadores galileos en líderes *del* reino de Dios y *para* el reino de Dios.

El resto de la trama narrativa del Evangelio de Marcos mostrará el proceso pedagógico al que Jesús somete a sus discípulos, para convertirlos en pescadores de hombres; también, mostrará los obstáculos que Jesús tiene que superar en el camino para alcanzar su propósito.

---

[26] Castillo ha señalado que cuando Jesús llama no presenta ningún programa ni objetivo (2005). Este señalamiento de Castillo parece equivocado. Según el Evangelio de Marcos, cuando Jesús llama a los pescadores galileos a seguirlo les plantea un objetivo, llegar a ser pescadores de hombres; además, señala que el seguimiento es la metodología que los discípulos deben seguir para alcanzar ese gran objetivo.

Capítulo 3

La nueva enseñanza de Jesús (1.21–3.19): el nudo del evangelio

El *nudo* es el segundo gran movimiento de la trama de un relato.[27] En el presente análisis narrativo del Evangelio de Marcos en perspectiva pedagógica, la secuencia de acciones que corresponden al nudo tiene lugar en el espacio geográfico de la ciudad de Capernaum y sus alrededores (1.21–3.19). Y, en el nudo, se desarrolla el primer ciclo de la *enseñanza* de Jesús. Hay un progreso en este programa pedagógico. Jesús comparte en la situación inicial su visión pedagógica y en el nudo los primeros temas de su enseñanza, que son considerados por la gente como nueva enseñanza (1.27).

Marcos introduce el tema de la *enseñanza* de Jesús con un breve sumario de su actividad *didáctica* en Capernaum (1.21–22). A este sumario le sigue el micro-relato de la expulsión del espíritu inmundo en la sinagoga, lo cual hace que todos se formulen las cuestiones del carácter y el significado de la nueva enseñanza de Jesús (1.27), que a su vez desencadena la trama narrativa[28] y la tensión dramática[29] del Evangelio en clave pedagógica.

En el Evangelio de Marcos, la *nueva enseñanza* de Jesús se refiere tanto a los temas del conocimiento que Él transmite con sus palabras como al modo en que realiza la acción de enseñar, con autoridad y no

---

[27] Marguerat y Bourquin (2000), señalan que al nudo también se le puede llamar complicación; otros, además, lo llaman intriga, ver Ska, Sonnet y Wénin (2001).

[28] Marcos desarrolla la narración del evangelio en perspectiva pedagógica a partir de la introducción del tema de la enseñanza de Jesús, ver Marguerat y Bourquin (2000).

[29] Todos los desencuentros, tensiones y cargas emocionales de los diversos personajes del evangelio se producen en torno a la enseñanza de Jesús, ver Marguerat y Bourquin (2000).

como los escribas (1.21–28). ¿Cuáles son los temas del conocimiento que Jesús transmite con sus palabras? Y, ¿con que autoridad realiza Jesús la acción de enseñar? Estas son dos cuestiones pragmáticas que se pueden responder mediante el análisis de la trama pedagógica del Evangelio.

Por otro lado, en torno a la enseñanza de Jesús se generan, en los personajes del Evangelio, una variedad de complejas emociones y pensamientos que se vuelven cada vez más intensos y profundos mientras progresa la narrativa. En torno a la enseñanza de Jesús, entonces, comienza a desencadenarse también la tensión dramática de la narrativa, particularmente, la tensión entre Jesús y los escribas. La enseñanza de Jesús es el motivo central de los constantes y crecientes desencuentros entre Él, los escribas y los fariseos.

El nudo también presenta a los escribas (1.22; 2.6–7, 16), a los espíritus inmundos (1.23–24, 34), a los fariseos (2.18, 24; 3.6), y a los herodianos (3.6), como personajes que encarnan las fuerzas religiosas, espirituales, y políticas del mal, y que se oponen a la misión *didáctica* de Jesús. En el nudo también asoma la incomprensión de los discípulos (1.35–39)[30] y el constante acoso de las multitudes que lo siguen a todas partes[31] (3.9), así como otros grandes obstáculos que Jesús debe sortear para convertir a sus discípulos en pescadores de hombres.

La sinagoga de Capernaum y el día de reposo

Jesús el Cristo, el Hijo de Dios, comienza sus actividades como maestro en la región de Galilea, en la ciudad de Capernaum, en el espacio sagrado de la sinagoga y en el tiempo sagrado del día de reposo. En la historia de

---

[30] A lo largo del Evangelio, la incomprensión de los discípulos es uno de los obstáculos más grandes que Jesús debe superar para convertirlos en pescadores de hombres. Jesús esperaba que ellos entendieran sus palabras y acciones, que dieran muestras de inteligencia, como discípulos sabios. Sin embargo, no fue así, ver Lémonon (2004).

[31] Según Bonneau (2003), Marcos describe a Jesús como un hombre carismático que atrae hacia Él a los discípulos, como un poderoso taumaturgo, subversivo para los representantes del orden establecido. Estamos de acuerdo con Bonneau. Sin embargo, creemos que Jesús fue carismático porque fue capacitado por el Espíritu para la misión, y porque realizó la misión en el poder y en la sensibilidad al Espíritu.

Marcos, la sinagoga y el día de reposo son productos religiosos judíos que mantienen viva la identidad israelita como pueblo de Dios. Sin embargo, los escribas y los sacerdotes han corrompido estas instituciones convirtiéndolas en instrumentos de control que les permiten mantener el *status quo* político, religioso y social del cual se benefician.[32] En esta situación de deterioro de las instituciones religiosas israelitas más simbólicas aparece Jesús el Cristo, con la proclamación y enseñanza de la llegada inmediata del reino de Dios (1.15), haciendo nuevas cosas en la sinagoga y dándole un nuevo significado al día de reposo, sacudiendo así la vacía religiosidad de Galilea, tolerada y promovida por la élite religiosa espiritualmente moribunda de Jerusalén.

La estructura del nudo

La situación inicial del evangelio (1.4–20) se enlaza con el nudo (1.21–3.19), por medio de un sumario[33] acerca de la enseñanza de Jesús en Capernaum (1.21–22). Este sumario tiene la función de acelerar la secuencia narrativa contando en «pocas palabras un período relativamente largo» (Marguerat y Bourquin, p. 146). Después del sumario sigue el micro-relato de la expulsión de un espíritu inmundo en la sinagoga,[34] hecho que estimula a todos en la sinagoga a plantearse la cuestión del significado teológico y pedagógico de la enseñanza nueva de Jesús (1.23–28). A este micro-relato, le sigue una cadena[35]

---

[32] Belo (1975) y Myers (1990) han estudiado el Evangelio de Marcos enfatizando la realidad política, social, económica e ideológica que está detrás del texto. En esta perspectiva, se consideran el día de reposo y la sinagoga como instrumentos ideológicos al servicio de los escribas y los sacerdotes, agentes del discurso teológico y del culto religioso, y quienes ejercen un poder político real. En este tipo de lectura de Marcos no deja de ser un problema que se imponga la ideología del lector sobre el significado que el autor quiso comunicar.

[33] El sumario de la misión didáctica de Jesús en *Kafarnaum* es una evaluación de Marcos a partir de su sistema de valores y su cosmovisión, ver Marguerat y Bourquin (2000).

[34] Este micro-relato de la expulsión del espíritu inmundo en la sinagoga ha sido clasificado por la crítica de las formas como un relato de milagro, que se caracteriza como la acción extraordinaria de una persona santa. M. Dibelius, de Heidelberg, lo clasificaría como una *novelle*, es decir, una narración que tiene como clímax la realización de un milagro, ver Taylor (1979).

[35] La repetición en cadena es uno de los dispositivos retóricos más usados por el evangelista Marcos. Esta intensifica la tensión narrativa y crea un efecto de costumbre que hace resaltar de manera más llamativa un elemento de sorpresa, ver Kim (2013, p.

de tres episodios ambientados en la casa de Simón y Andrés. Los dos primeros episodios dan cuenta de sanidades extraordinarias: primero, la sanidad de la suegra de Simón (1.29–31); y, segundo, las sanidades de muchos enfermos y endemoniados (1.32–34). Estos dos episodios de sanidades extraordinarias resaltan el tercer episodio (1.35–39) que, sorpresivamente, da cuenta del compromiso de Jesús de llevar la predicación del evangelio del reino a nuevas audiencias y a círculos más amplios.

A la secuencia de los tres episodios ambientados en la casa de Simón y Andrés le sigue un sumario de la predicación de Jesús en las «sinagogas de ellos»[36] (1.39). Este sumario ha sufrido una redacción marcana, que sugiere el distanciamiento, el desmarque de los discípulos de Jesús, o como mínimo de Marcos, de la sinagoga y de lo que esta representa. Podría sugerir también que los pescadores de Galilea han sido marginados y excluidos de los pocos beneficios que ofrece la sinagoga, razón por la cual no se sienten parte de ella.

Por otro lado, este sumario presenta la primera secuencia de predicación de Jesús en Galilea, formada por el micro-relato de la sanidad de un leproso (1.40–45) y el micro-relato del perdón de pecados a un paralítico (2.1–12).

La primera secuencia de predicación (1.40–45; 2.1–12) está conectada, por medio del micro-relato de la invitación que Jesús le hace a Leví a seguirlo (2.13–14), con la primera secuencia de cuatro grandes enseñanzas de Jesús (2.15–17; 18–22; 23–28; 3.1–6). Las primeras dos suceden en la casa de Leví (2.15–17; 2.18–22); la tercera, mientras atraviesa un sembrado de camino a una sinagoga, en un día de reposo (2.23–28); y la cuarta, en la sinagoga, cuando sana a un hombre que tiene la mano seca, en un día de reposo también (3.1–6).

A la secuencia de las primeras cuatro enseñanzas (2.15–17; 2.18–22; 2.23-28; 3.1–6), le sigue una breve secuencia de dos micro-relatos (3.7–12; 13–19). El primero de ellos dibuja una retirada de Jesús al mar con sus discípulos, quienes comienzan a funcionar como servidores que

---

51–53) y Marguerat y Bourquin (2000, p. 85).

[36] La expresión συναγωγὰς αυτῶν es una clara indicación del desmarque de los discípulos de Jesús de todo lo que representa y se hace en la sinagoga. Los discípulos de Jesús se sienten extraños y ajenos a la sinagoga. Esta no es de ellos y ellos no pertenecen a ella.

le tienen siempre lista la barca a causa de las multitudes que lo aprietan (3.7–12).[37] El segundo micro-relato trata de un segundo llamado que Jesús hace a sus discípulos (3.13–19), el cual es diferente al primero (1.16–20). En el primer llamado, Jesús llama a sus primeros discípulos para que lo sigan (1.16–20); en el segundo llamado, Jesús llama a los discípulos que ya le están siguiendo y sirviendo, para afirmarlos en el camino del seguimiento (3.13–19). Este micro-relato del segundo llamamiento de Jesús a sus discípulos es un superpuesto que funciona como el final del primer ciclo de enseñanza de Jesús (1.21–3.19) y como el comienzo del segundo, proveyendo la transición entre el primer y segundo ciclo de la enseñanza de Jesús[38] (3.13–10.52).

Los personajes

Jesús es el gran protagonista en el nudo de la trama pedagógica del Evangelio de Marcos. Expulsa a un espíritu inmundo en la sinagoga de Capernaum (1.21–28), sana a la suegra de Simón y a muchos enfermos en la casa de este (1.29–34), ora en la madrugada y asume el compromiso de llevar la predicación del evangelio del reino también a los lugares vecinos (1.35–39), sana a un leproso en el camino de la predicación (1.40–45), sana un paralítico mientras predica en casa (2.1–12), llama a Leví para que lo siga (2.13–17), enseña sobre el ayuno (2.18–22) y el día de reposo (2.23–28; 3.1–6), se retira al mar con sus discípulos para descansar (3.7–11), y llama por segunda vez a sus discípulos para afirmarlos en el camino del seguimiento (3.13–19a).

En el nudo, los discípulos se admiran de la enseñanza de Jesús (1.22), se asombran cuando expulsa un espíritu inmundo en la sinagoga y discuten en torno a su nueva enseñanza (1.27); toman la iniciativa de informar a Jesús que la suegra de Simón está enferma (1.30), son

---

[37] Este episodio señala una experiencia importante de transformación en la vida de los discípulos. Hasta este episodio, los discípulos habían funcionado sólo como seguidores de Jesús. Pero, partiendo de este episodio, los discípulos comienzan a funcionar como seguidores-servidores.

[38] La presente narrativa pedagógica del Evangelio de Marcos, considera que el primer y segundo ciclo de la enseñanza de Jesús son hilvanadas por la superposición del nuevo episodio de llamamiento (3.13–19). Este episodio cierra el primer ciclo de la enseñanza de Jesús, pero al mismo tiempo abre el segundo ciclo de la enseñanza de Jesús, ver Marguerat y Bourquin (2000, p. 86).

testigos de las muchas expulsiones de espíritus inmundos y sanidades que Jesús realiza en una jornada por la noche (1.32–34); siendo cajas de resonancia del clamor popular, le sugieren a Jesús que atienda a la gente que ha llegado muy temprano a buscarlo (1.35–37); Jesús los corrige, reprende, y les deja claro que ha venido a predicar también a los lugares vecinos (1.36–39); son testigos de lo que Jesús enseña en el camino de la predicación y del cariño con que trata a los más necesitados (1.40–45; 2.1–12; 2.13–14; 3.1–5). La función que cumplen los discípulos, de acompañantes que no dicen nada y que no realizan ninguna acción importante, hace que se magnifique en el primer ciclo de enseñanza la función de Jesús como predicador que transmite su enseñanza con autoridad.[39]

El colectivo de la gente aparece como un personaje figurante[40] cuyo patrón de conducta es claramente esquematizado: cuando la gente sabe que Jesús está en casa o en otro lugar, se agolpa en ese lugar, escucha atentamente su enseñanza, es testigo de sus obras extraordinarias, se admira de sus enseñanzas, y luego se va. Al final, la gente es desconsiderada con Jesús y sus discípulos, porque no les dan tiempo para comer ni descansar, llegando a extremos de amenazar la integridad de Jesús cuando lo buscan para ser sanados por él (1.32–34; 2.1–12; 2.13; 3.7–12).

Los escribas y los fariseos aparecen en el relato como un personaje en bloque[41] que se opone abiertamente a Jesús. Siempre piensan mal de Jesús (2.6, 7), condenan su actuación o la actuación de sus discípulos (2.18–22; 2.23, 24) y le acechan para encontrar un motivo para acusarlo (3.1). Finalmente, en el nudo, los escribas acuerdan con los fariseos y herodianos destruir a Jesús (3.1–6).

Los demonios no tienen mayor protagonismo en el nudo. Son seres espirituales que oprimen a los hombres, pero que están sujetos a Jesús

---

[39] Siguiendo los criterios del análisis de los personajes de una trama narrativa, según Ska, Sonnet y Wénin (2001), Jesús es el gran héroe de la trama narrativa del primer ciclo de enseñanza del Evangelio de Marcos y los discípulos hacen valer las cualidades de Jesús como maestro.

[40] El personaje figurante es un personaje simple que desempeña un papel pasivo o casi pasivo, más de fondo en el relato, ver Marguerat y Bourquin (2000).

[41] Los escribas y los fariseos son un personaje en bloque, que tiene un papel invariable en la historia de Marcos.

aunque le ofrecen cierta resistencia. Cada vez que Jesús los encuentra en el camino, los calla y los echa fuera. Jesús no permite hablar a los espíritus inmundos porque lo conocen.

Los símbolos teológicos

La sinagoga (1.21, 29; 3.1) es un símbolo religioso muy poderoso. Los judíos se reúnen como sinagoga para orar y leer las Escrituras. Así, la sinagoga es un espacio sagrado alterno al espacio del templo. El énfasis del culto en el templo son los sacrificios, pero el énfasis en la sinagoga es la lectura y exposición de la Escritura. En la narrativa de Marcos, la sinagoga ha dejado de ser el símbolo de la presencia de Dios en medio del pueblo sufrido de Galilea.

El día de reposo (1.21; 2.23–24) es otro símbolo teológico importante. Este tiene su origen en los días de Moisés, quien lo estableció como una señal entre Dios y el pueblo de Israel. El día de reposo recuerda a todo el pueblo de Israel que Dios lo ha separado para Él. En este día, el pueblo de Israel deja de ocuparse de las actividades cotidianas para dedicarse a la adoración y el culto a Dios. Este es el modo en que Dios desea que el pueblo se recree en Él. El día de reposo es el día sagrado de descanso y adoración a Dios. Sin embargo, en los días de Jesús, el verdadero sentido y significado del día de reposo se había corrompido.

En el Evangelio de Marcos, el mar (1.16; 2.13; 3.7) hace recordar el modo extraordinario en que Dios liberó al pueblo de Israel de la esclavitud egipcia, y el modo en que Dios destruyó el ejército de faraón. Después de que Dios liberó al pueblo de Israel de la esclavitud egipcia, abrió el mar Rojo para permitir que el pueblo de Israel escapara del ejército de faraón (Éx 14). Cuando el ejército del faraón perseguía al pueblo de Israel en el camino que Dios había hecho en medio del mar, Dios hizo que las aguas retornaran a su lugar, destruyendo el ejército egipcio. Entonces, el mar fue evocado posteriormente por los profetas y los salmistas como un poderoso símbolo de salvación y de justicia divina (Kim, 2013).

El monte es el lugar en que Dios se revela a sus siervos los profetas. En el monte Sinaí, Dios se reveló a Moisés (Éx 19–20). En el monte Carmelo, Elías habló con Dios e hizo caer fuego del cielo en su lucha contra los profetas de Baal (1R 18.20–40). Jesús lleva a sus discípulos al monte para revelarles el propósito de Dios para su vida y para constituirlos como su pequeña comunidad íntima de discípulos (Kim, 2013).

La enseñanza de Jesús

En el nudo de la gran historia evangélica de Marcos en clave pedagógica, nadie llama ni reconoce a Jesús como maestro; sin embargo, realiza la función de maestro: enseña en la sinagoga (1.21–28), en el mar (12.13), en la casa de Leví (2.13–22), de camino por los sembrados rumbo a la sinagoga (2.23–28), y en la sinagoga (3.1–6).

Según el sumario de la enseñanza de Jesús en Capernaum, la gente se admira de su enseñanza porque lo hace con autoridad y no como los escribas.[42] ¡Que paradoja! Los escribas eran los maestros oficiales de la ley, los teólogos acreditados, pero no tenían autoridad para enseñar. Sin embargo, Jesús enseña con autoridad sin tener la investidura oficial de maestro.[43]

---

[42] En su enseñanza, los escribas se limitaban a discutir y explicar la tradición, una interpretación de la ley oral o escrita (*halaka*), fundamentando sus argumentos en figuras antiguas de autoridad. La enseñanza de los escribas, que en su gran mayoría eran fariseos, no era espontánea y creativa, ver Schmid (1981) y Taylor (1980). A la luz del análisis narrativo en perspectiva pedagógica que se realiza en este trabajo, es posible decir que los escribas no tenían autoridad para enseñar porque, aunque tenían la elocuencia rabínica y sabían explicar la tradición, no inspiraban a nadie, no sanaban a nadie, ni expulsaban ningún demonio. Por otro lado, Schmid ha dicho que la autoridad de la enseñanza de Jesús resulta de la conciencia de su misión y filiación divina (1981); Delorme cree que la autoridad de Jesús se manifiesta en la enseñanza y en la expulsión de demonios (1990); mientras, Belo afirma que la enseñanza de Jesús es diferente por la autoridad con la que él habla (1975). Todos ellos ofrecen abundantes aportaciones teológicas acerca de la enseñanza de los escribas y sobre el tema de la autoridad de la enseñanza de Jesús. Pero ninguno de ellos establece la relación entra la capacitación del Espíritu y la autoridad de la enseñanza de Jesús, la cual Marcos sugiere en la narrativa de su Evangelio. En esta monografía se señala que Jesús tiene autoridad para enseñar porque ha sido capacitado por el Espíritu; y, que la novedad de su enseñanza y las demostraciones extraordinarias de poder son una expresión concreta de la llenura del Espíritu.

[43] Según Schmid, la enseñanza de Jesús en su «forma externa» era parecida a la enseñanza de los escribas; al igual que ellos, usaba breves sentencias didácticas, imágenes de la naturaleza y del pueblo y, sobre todo, parábolas para enseñar (1981, p. 64). Para nuestro gusto, aún en la forma externa, la enseñanza de Jesús era diferente a la de los escribas. La enseñanza de Jesús era dinámica, innovadora, profunda y muy significativa para

Este sumario también presenta la sutil distinción entre la enseñanza de Jesús, que comprende los temas del conocimiento que Jesús transmite con sus palabras, y el modo en que Jesús realiza la acción de enseñar, con *autoridad*[44] y no como los escribas. Esta sutil distinción es un indicio de lectura que permite al lector la formulación de algunas cuestiones: ¿Cuál es la enseñanza que Jesús comunica con sus palabras? ¿Con qué autoridad realiza Jesús la acción de enseñar? La narrativa de Marcos ofrece las claves hermenéuticas que permiten desmadejar estas cuestiones teológicas y pedagógicas.

En el primer ciclo de la enseñanza de Jesús (1.21–3.19), la *enseñanza* de Jesús es *nueva*, porque realiza demostraciones extraordinarias de *autoridad*: ordena con energía a un espíritu inmundo a guardar silencio y a salir de un hombre (1.21–28), sana a la suegra de Simón sin decir una sola palabra (1.29–31), echa fuera muchos demonios sin dejarles hablar porque le conocen (1.29–31), limpia a un leproso (1.40–45), perdona los pecados de un paralítico y lo sana (2.1–13), y sana en el día de reposo a un hombre que tiene la mano seca (3.1–6).

Al día siguiente de la jornada de sanidad de muchos enfermos y expulsión de espíritus inmundos en la casa de Simón y Andrés, muy de mañana, Jesús buscó un lugar desierto para orar (1.35). Esto podría sugerir algo importante sobre la nueva enseñanza de Jesús. Él se fortalece y busca la dirección de Dios en oración para realizar sus funciones de predicador y maestro. Jesús no hace ninguna reflexión teológica acerca de la oración, pero saca tiempo para orar antes de iniciar sus actividades misionales de cada día. También parece que Jesús ora para recuperarse de la fatiga y el afán de la misión.

Mientras Jesús ora, Simón funciona como el eco del clamor de la gente que busca a Jesús. Simón interrumpe la oración de Jesús para sugerirle que atienda a la gente. Jesús aprovecha la ocasión para poner las cosas en su lugar. Su misión no consiste en quedarse en Capernaum para sanar enfermos, sino en salir de allí para predicar también el evangelio en los lugares vecinos (1.35–39). Así, Jesús mismo relativiza

---

sus oyentes. Según Lane, la enseñanza de Jesús era diferente a la de los escribas porque era profética, apelaba a la conciencia y producía alarma entre la gente (1974).

44 Aunque ἐξουσία (exousía) puede referirse a la autoridad que un superior tiene para decidir, principalmente significa la capacidad para realizar una acción; ver Kittel, Friedrich y Bromiley (2003, p. 237).

la ciudad de Capernaum como lugar de predicación. Jesús no quiere predicar sólo en esa ciudad, también quiere hacerlo en los lugares vecinos. ¿A qué lugares vecinos se refiere Jesús y qué es lo que predica en estos lugares? Una vez Jesús invita a Simón y a sus acompañantes que vayan con él a predicar a los lugares vecinos. Se espera encontrar en la narrativa algún registro de la predicación de Jesús allí. Pero Marcos no registra absolutamente nada de lo que Jesús predica (1.39). Por el contrario, Marcos registra dos acciones de autoridad extraordinaria que sustentan dos grandes dichos *didácticos* de Jesús: la acción de perdonar los pecados del paralítico (1.40–45) y la acción de sanar al hombre de la mano seca en el día de reposo (2.1–12). Con el registro de estas acciones extraordinarias de Jesús, el evangelista Marcos está comunicando a sus lectores que Jesús tiene autoridad para hacer las obras que sólo Dios puede hacer. Porque sólo Dios puede perdonar los pecados del paralítico. Así, Marcos eleva la enseñanza de Jesús a un nuevo plano. Marcos susurra al oído de sus lectores que la *enseñanza* de Jesús es *nueva* porque es *divina*. La cuestión del carácter nuevo de la enseñanza de Jesús y su respectivo significado comienza a resolverse.

Sorprende que en la secuencia de la primera jornada de predicación de Jesús en la región de Galilea (1.39; 40–45; 2.1–12) Marcos no registra absolutamente nada de lo que Jesús predica. En términos estrictamente narrativos, es una ironía que Marcos presente al lector una jornada de predicación sin predicación, y que en su lugar presenta dos breves dichos didácticos. ¿Qué significa esto? ¿No será que Marcos tiene un secreto acerca de la pedagogía de Jesús que nos transmite en clave a lo largo del Evangelio? ¿No estará ocultando Marcos que Jesús, como Hijo de Dios y Cristo, vino a enseñar más que a predicar? ¿Será que Jesús realiza su función mesiánica de traer y establecer un nuevo orden en el mundo asumiendo la función del Maestro del reino de Dios? ¡Lo que está claro en esta breve secuencia de predicación es que Marcos no registra ninguna predicación! Sin embargo, Jesús enseña en sus jornadas de predicación. Aquí el autor difiere con T. Beck, U. Benedetti, G. Brambillasca, Clerici y S. Fausti (2006), quienes afirman que en el Evangelio de Marcos no se dice qué enseña Jesús, lo cual no es así; porque sí se señala lo que Jesús enseña en las sinagogas de ellos en toda Galilea. La narrativa de Marcos presenta abundante material que se refiere a lo que Jesús enseña y al modo en que enseña.

Volviendo al tema de la predicación de Jesús en Marcos, ¿por qué será que Marcos no registra los temas que Jesús predica en los lugares vecinos a Capernaum? ¿Será porque ya ha registrado los temas de la predicación de Jesús en la narrativa del mismo comienzo del ministerio de Jesús, por lo cual ya no considera necesario hacerlo?, ¿o porque Jesús ya no predica nada nuevo, o Marcos sencillamente no sabe lo que Jesús predicó (1.14–15)? El hecho es que no se registra el tema o los temas de predicación de Jesús en su primer viaje de predicación a los lugares vecinos a Capernaum. Pero sí se registran dos demostraciones extraordinarias de su autoridad divina (1.40–45; 2.1–12), las cuales sirven para fundamentar dos *dichos didácticos* de Jesús: primero, la instrucción legal y litúrgica que Jesús le da a un hombre al que ha limpiado de lepra, a presentarse con los sacerdotes para que constaten su limpieza y lo declaren legalmente limpio (1.40–45); y, segundo, la cariñosa declaración del perdón de pecados que Jesús ofrece a un paralítico, acción con la cual Jesús revela a sus oyentes que habla y actúa como Dios, pero acción que es considerada como una blasfemia por los escribas (2.1–12). Es obvio que esta breve secuencia de predicación no tiene como propósito comunicar al lector el contenido temático de la predicación de Jesús; más bien tiene como propósito subrayar que *Jesús enseña mientras predica*, y que sustenta sus enseñanzas con sus demostraciones extraordinaria de autoridad divina. Después de la primera jornada de predicación de Jesús en los lugares vecinos a Capernaum, en las sinagogas de ellos en toda Galilea, Jesús regresa a Capernaum, a casa, donde sana al paralítico y le perdona sus pecados, lo cual causa un efecto maravilloso en la gente que está en la casa de Simón: todos se asombran y glorifican a Dios (2.1, 12).

Marcos continúa su narrativa con una secuencia de dos relatos, unificados por la figura de Leví, un cobrador de impuestos. El primer relato, muy breve, por cierto, dibuja la vocación de Leví (2.13–14). Según el relato, Jesús camina a orillas del mar mientras enseña a la gente; y, mientras camina, llama a Leví para que lo siga. Inmediatamente Leví se levanta de su banco de cobrador de impuestos y comienza a seguir a Jesús. El segundo relato presenta a Leví celebrando una fiesta en la que Jesús y sus discípulos son los invitados especiales (2.15–22). En la casa de Leví, Jesús come con publicanos y pecadores. Los escribas y fariseos que han llegado a la fiesta se molestan y comienzan a cuestionar la actuación de Jesús. Entonces, Jesús enseña a los escribas y fariseos que él come con los publicanos y pecadores, gente socialmente marginada y religiosamente impura porque son quienes más lo necesitan; así, Jesús hace de los publicanos y pecadores los destinatarios de su invitación a creer en el evangelio (2.15–17). Después, también en la casa de Leví, Jesús enseña a los discípulos de los fariseos y a los discípulos de Juan que sus discípulos no necesitan ayunar porque Él está con ellos, lo cual es para los discípulos motivo de celebración. En este contexto, Jesús comunica la imposibilidad de querer adaptar su nueva enseñanza a los esquemas caducos de una tradición religiosa inoperante (2.18–22).

Luego, de camino a la *sinagoga*[45] en un día de reposo, mientras atraviesa un sembrado con sus discípulos, estos comienzan a arrancar espigas para comer, lo cual es considerado por los fariseos como una acción ilegal; entonces, Jesús enseña a los fariseos que hacer algo para comer en el *sábado*, en el día de reposo, no es una violación legal (2.23–28). ¿Por qué no es una acción ilegal? El texto de Marcos sugiere que la ley del *sábado* tiene sentido para Jesús sólo si el hombre tiene el estómago satisfecho (2.23–28). Finalmente, en la sinagoga, viendo a un hombre con la mano seca y enseñando a los fariseos que es lícito hacer el bien y salvar la vida en el *sábado*, Jesús restaura la mano de este hombre. Con estas enseñanzas y demostraciones de autoridad en la sinagoga y en el día de reposo, las cuales contradicen las enseñanzas tradicionales de los escribas, Jesús insinúa su trascendencia divina. Después de sanar en el día de reposo al hombre de la mano seca, los fariseos y los herodianos se ponen de acuerdo para destruir a Jesús (3.6).

Las expresiones metafóricas (2.17, 19–22), las preguntas heurísticas (2.8–9; 2.25; 3.4), las apelaciones al sentido común (2.21–22), las evocaciones y contextualizaciones del Antiguo Testamento (3.1–6, 23–27), y las demostraciones extraordinarias de poder (2.1–12; 3.1–5), son algunos de los recursos que Jesús utiliza para comunicar a sus oyentes

---

[45] Aunque hay diversas opiniones acerca del origen histórico de la sinagoga, por lo general se cree que incluso pueblos más pequeños las tenían. Συναγωγή, significó «reunión» originalmente, luego pasó a significar «asamblea», particularmente una asamblea religiosa judía. Los judíos se reunían en la sinagoga para el culto, la oración y la lectura de las Escrituras. Si bien los escribas y los ancianos explicaban la Escritura en la sinagoga, el que presidía la sinagoga podía invitar a cualquiera de los presentes a leer y explicar la Escritura; ver (Taylor, 1970) y (Nelson, 1982).

los contenidos de su enseñanza. La nueva enseñanza de Jesús causa asombro y esperanza entre la gente que le escucha de buena gana, pero también causa mucha molestia a sus adversarios que hacen planes para destruirlo (3.6).

Capítulo 4

Las enseñanzas del reino de Dios, la fe, y los anuncios de la muerte y resurrección de Jesús (3.20–10.52): dinamismo transformador[46]

El tercer gran movimiento de la trama narrativa del Evangelio de Marcos en perspectiva pedagógica es el dinamismo de transformación o clímax, en el cual los discípulos de Jesús, pese a sus limitaciones personales y a la constante oposición de los escribas y fariseos a la misión pedagógica de Jesús, son enviados por Él a su primera misión como pescadores de hombres. Pero funcionan como misioneros predicadores del reino bajo la supervisión de Jesús. Comienzan a realizar una tarea que hasta el momento Jesús se ha reservado para sí. Los discípulos han experimentado un largo proceso de cambio en sus vidas. En el clímax o dinamismo de transformación los discípulos viven un gran cambio en relación a la situación inicial.

---

[46] Marguerat y Bourquin (2000) llaman «acción transformadora» al tercer gran movimiento de una trama narrativa, señalando que este movimiento da cuenta del cambio que se produce en uno de los personajes del relato, ya sea como resultado de una acción aislada o por un largo proceso de cambio. Por dar cuenta del cambio que los discípulos de Jesús experimentan en el plano pragmático y en el orden del conocimiento (lo cual les hace competentes para realizar la función trascendental de pescadores de hombres, como resultado de una acción transformadora y de un proceso de cambio) en el presente análisis narrativo del Evangelio de Marcos en clave pedagógica se prefiere reconocer este movimiento como «dinamismo transformador». La crítica narrativa se refiere a la trama en que se despliega una nueva habilidad como trama de resolución; y, a la trama en que se muestra la ganancia de un nuevo conocimiento, trama de revelación.

El dinamismo de transformación que viven los discípulos es total. Es del orden pragmático porque comienzan a realizar algo que en la situación inicial no podían hacer, esto es, predicar el evangelio con autoridad para hacer demostraciones de poder. También es del orden del conocimiento porque los discípulos muestran tener un saber especial que en la situación inicial no tenían (Marguerat y Bourquin, 2000): conocen lo que Jesús enseña y el modo en que enseña, pero sobre todo saben que Jesús es el Mesías, el Hijo de Dios.

Según el análisis narrativo en clave pedagógica, al dinamismo de transformación del Evangelio le corresponde el segundo gran bloque de enseñanzas de Jesús, entre las que se destacan las enseñanzas del *reino de Dios* (4.1–34), una enseñanza reflexiva que se amplía y prolonga hasta llevar sus últimas resonancias a la última cena de Jesús con sus discípulos (14.25). Además, se destacan en el segundo gran bloque de enseñanzas de Jesús las enseñanzas de la *fe* (4.40; 5.34, 36; 7.24–30; 9.23; 10.46–52), la falta de *entendimiento* (4.35–6.1; 7.18–23; 8.14–21; 9.19), y la *compasión* (6.34; 8.2). Son enseñanzas que Jesús comunica de un modo más práctico que reflexivo. La enseñanza práctica acerca de la *fe* se prolonga hasta los episodios unificados por el tema de la higuera estéril (11.12–14; 20–26).

Las enseñanzas del reino de Dios son una secuencia que tiene en el «decir» su modo de exposición, porque se enfoca más en el conocimiento que Jesús transmite por medio de sus palabras que en las acciones que realiza; sin embargo, las enseñanzas acerca de la fe y la compasión, tienen en el «mostrar» su modo de exposición porque se enfocan más en las acciones que Jesús realiza que en las palabras que dice (Marguerat y Bourquin, 2000).

En el movimiento del dinamismo de transformación en perspectiva pedagógica, los discípulos viven cuatro acciones de transformación:[47] primero, cuando los discípulos son enviados por Jesús a su primera jornada misionera, comienzan a hacer lo que antes no hacían,

---

[47] En el movimiento del dinamismo de transformación, los discípulos experimentan una sucesión de cuatro grandes momentos de transformación. A esa sucesión de cuatro grandes momentos de transformación se le llama en el presente trabajo «la sucesión de cuatro umbrales de transformación». Algunos de estos umbrales de transformación son el resultado final de un largo proceso de cambio, mientras que otros son el resultado de una sola acción transformadora.

comienzan a predicar el evangelio del reino de Dios con demostraciones extraordinarias de autoridad (6.12–13); segundo, cuando los discípulos reconocen a Jesús como el *Cristo*, demuestran tener un conocimiento nuevo y trascendental acerca de Jesús (8.27–30); tercero, cuando los discípulos acceden al triste conocimiento de la muerte de Jesús (8.31–8.38; 9.30–32; 10.32–34), logran un conocimiento que los sacude fuertemente en su condición de discípulos; y cuarto, cuando los discípulos son expuestos en el monte de la transfiguración a una demostración anticipada del reino de Dios venido con poder (9.1–13). Estas cuatro experiencias cambian totalmente y para siempre la vida de los discípulos, generando en ellos un efecto que será demostrado en el desenlace y la situación final de la trama narrativa del Evangelio de Marcos.

Los espacios geográficos de Galilea, Cesarea de Filipo y Judea

El dinamismo de transformación del Evangelio de Marcos en clave pedagógica, al cual corresponde el segundo gran ciclo de la enseñanza de Jesús, se desarrolla en los espacios geográficos de Galilea, Cesarea de Filipo y Judea. En este ciclo (3.20–10.52), Jesús sigue enseñando en la región de Galilea, aunque toma distancia de la sinagoga e intensifica sus actividades como maestro en la casa de sus discípulos (3.19b–35), a orillas del mar (4.1–30) y en el mar (4.35–40). Luego, desde Capernaum, Jesús incursiona en los territorios gentiles de Gadara (5.1) y Decápolis (5.20); luego regresa a la región de Galilea para predicar en Nazaret (6.1–6), Betsaida (6.45, 8.22) y Genesaret (6.53); para regresar nuevamente al territorio gentil de Tiro y Sidón (7.24, 31) y Cesarea de Filipo (8.27), con otra jornada de retorno a la región de Galilea (9.30–8.50), desde donde saldría después a las regiones de Judea, y a las regiones más allá del Jordán y Jerusalén (10.1, 32). Lo que dice Marcos acerca de la predicación y enseñanza de Jesús en el marco geográfico de fondo del movimiento de transformación, es que Jesús alterna, de manera equilibrada, su predicación y su enseñanza del reino de Dios entre la región de Galilea y las regiones gentiles antes de emprender su viaje sin retorno a Jerusalén. Los pobres de Galilea y los pueblos gentiles son los primeros y principales destinatarios del mensaje del reino de Dios.

A lo largo del dinamismo de transformación, Jesús demuestra a sus discípulos su compromiso de predicar y enseñar el evangelio del reino más allá de la región de Galilea. Así, Marcos muestra a sus lectores que la misión de Jesús consiste en integrar, paso a paso, la diversidad de razas, culturas y lenguas en una amplísima comunidad humana que escucha y hace suyo el mensaje del reino de Dios. Además, muestra que las regiones gentiles que no saben o saben poco de Dios no se escapan al señorío de Jesús el Cristo.

La arquitectura del segundo bloque de la enseñanza de Jesús

El segundo gran bloque de la enseñanza de Jesús es el más largo de todos porque abarca un poco más de siete capítulos del Evangelio (3.20–10.52); además, es muy complejo porque se divide en dos grandes sub-bloques (3.20–6.6 y 6.14–10.52) por medio del micro-relato sobre el llamamiento y envío de los discípulos a predicar (6.7–13).

El primer gran sub-bloque (3.20–6.13)

El primer gran sub-bloque de la enseñanza de Jesús (3.20–6.13) arranca con una breve secuencia de dos enseñanzas unificadas[48] por el tema de la familia de Jesús (3.21, 31): la primera, la *blasfemia del Espíritu Santo* (3.19b–3.30);[49] y, la segunda, la *nueva familia de Dios* (3.31–35), formada por hombres y mujeres que hacen *la voluntad de Dios*.

A la secuencia anterior le sigue una secuencia de enseñanzas dedicadas al *misterio del reino de Dios,* enseñanzas que Jesús transmite a sus oyentes por medio de *parábolas,* aunque a sus discípulos les

---

[48] Hay tramas narrativas más complejas compuestas por varios micro-relatos englobados bajo un gran tema. Estas son las tramas narrativas unificadoras, ver Marguerat y Bourquin (2000).

[49] Según los indicadores de límite de los episodios narrativos propuestos por Marguerat y Bourquin (2000), el episodio de la blasfemia contra el Espíritu Santo puede ser considerado como la frontera superior del segundo gran ciclo de la enseñanza de Jesús. Hay un juego de indicadores de límite que permiten que este episodio sea considerado así: primero, se presenta el tema nuevo de la blasfemia contra el Espíritu Santo; segundo, aparece por primera vez el personaje colectivo de la familia de Jesús; y, también se ha producido el desplazamiento geográfico de la montaña (3.13) a la casa de los discípulos (3.19b), ambiente privado en que tienen lugar los dos episodios antes mencionados.

explica todo en privado (4.1–20, 21–25, 26–29, 30–32, 33–34). Así, Jesús envuelve sus enseñanzas *del reino de Dios* con un aire misterioso.

A la secuencia de enseñanzas parabólicas en torno al misterio del reino de Dios le sigue otra secuencia de cuatro micro-relatos de demostraciones de autoridad vinculados al tema de la *fe* (4.35–40; 5.1–20; 5.21–43; 6.1–6), que remiten a la incredulidad de los discípulos en la tempestad (4.35–40); a la expulsión de una legión de demonios de un hombre de Gadara (5.1–20); a la fe de la mujer sanada del flujo de sangre y la fe de Jairo, cuya hija es resucitada (5.21–43); y, a la incredulidad de la gente de Nazaret (6.1–6), razón por la cual Jesús no realiza ningún milagro allí. En esta secuencia se incluyen los fenómenos de la naturaleza como otro dominio en que Jesús ejerce su autoridad (4.35–41). ¡Calma la tempestad en el mar ante su puñado de discípulos asustados! En el contexto de estas demostraciones de autoridad, Jesús comienza a compartir breves declaraciones acerca de la *fe,* enseñándola de un modo más práctico que reflexivo. Jesús no elabora ningún discurso teórico de la fe, pero sabe cuándo la gente tiene fe y realiza grandes demostraciones de autoridad, que en última instancia son demostraciones de su fe en Dios, su Padre.

A la secuencia de demostraciones de autoridad en las que Jesús comienza a compartir de un modo práctico la enseñanza acerca de la fe, le sigue el micro-relato sobre el llamamiento y envío de los discípulos a su primera jornada de predicación (6.7–13), con el cual Marcos cierra el primer gran sub-bloque de la enseñanza de Jesús, al mismo tiempo que abre el segundo.[50]

El segundo gran sub-bloque (6.14–10.52)

En el micro-relato sobre el llamamiento y envío de sus discípulos a la primera jornada de predicación (6.7–13), Jesús los envía en dúos apostólicos de misión. Y, aunque aparentemente Jesús envía a sus discípulos con las manos vacías, los envía con el recurso más importante para realizar su tarea como predicadores: les da *autoridad* sobre los

---

[50] El encadenamiento de micro-relatos o de tramas narrativas más complejas puede realizarse por medio de tramas superpuestas. Estas son tramas que al mismo tiempo que cierran un episodio, abren el siguiente, ver Marguerat y Bourquin (2000).

espíritus inmundos y sobre toda clase de enfermedades. Además, en este micro-relato, Jesús comparte con sus discípulos una serie de instrucciones para que vayan a la misión de predicar sin estorbos, porque hay que realizarla con urgencia (6.7–13).

La secuencia de los hechos relacionados con la primera jornada de predicación de los discípulos (6.7–13) es interrumpida por el engaste[51] del episodio relativamente largo de la muerte de Juan el Bautista (6.14–29). Este episodio es una elipsis[52] que comunica que los discípulos realizan su primer jornada de predicación en el tiempo que corresponde a la sucesión de hechos relativos a la muerte de Juan el Bautista, un tiempo relativamente largo. Después del engaste de la muerte de Juan el Bautista, se reactiva el episodio de la primera jornada de predicación de los discípulos (6.30).

Al episodio de la muerte de Juan el Bautista le sigue una trama entrelazada compuesta por varios episodios de demostraciones de autoridad y varios episodios de enseñanza: la alimentación de los cinco mil (6.30–44), Jesús camina sobre las aguas y calma los vientos contrarios en el mar (6.45–52), la sanidad de los enfermos en Genesaret (6.53–56), la enseñanza de lo que contamina al hombre (7.1–23), la alimentación de los cuatro mil (8.1–10), la advertencia a cuidarse de la levadura de los fariseos y de Herodes (8.11–21), la sanidad de un ciego en Betsaida (8.22–26), la confesión de Pedro (8.27–30), una anticipación de la venida del reino de Dios con poder en la transfiguración (9.1–13), la sanidad de un muchacho endemoniado (9.14–29), la enseñanza acerca de los más pequeños (8.33–50), la enseñanza acerca del divorcio (10.1–12), la bendición a los niños (10.13–16), la enseñanza al joven rico acerca de cómo heredar la vida eterna (10.17–31), la petición de Santiago y Juan (10.35–45), y la sanidad del ciego Bartimeo (10.46–52). Esta secuencia de tramas

---

[51] El engaste es la inserción de una trama narrativa dentro de otra, dando forma a una especie de *sándwich* narrativo. Muchos estudiosos creen que Marcos es un especialista en la combinación de tramas por engaste o *sándwich*: comienza un relato, lo interrumpe para insertar otro relato completo, y luego continua con el relato original, ver Marguerat y Bourquin (2000).

[52] Le elipsis no es una simple omisión de una parte importante de la historia contada. El narrador retoma la historia más adelante para reactivarla, así acentúa lo que él considera importante en la historia, ver Marguerat y Bourquin (2000).

entrelazadas es arrastrada al final por tres episodios en los que Jesús anuncia su muerte y resurrección a sus discípulos (8.31–9.1; 9.30–32; 10.32–34), acentuando la tensión dramática de la gran narrativa de Marcos.

Los personajes

Como en los movimientos de la situación inicial (1.1–20) y del nudo (1.21–3.19), Jesús domina el escenario del movimiento sobre el dinamismo transformador de la trama narrativa del Evangelio de Marcos (3.20–10.52). Jesús es el gran héroe que transmite su conocimiento a sus discípulos y a la gente, tanto en la región de Galilea como en las regiones gentiles, mientras realiza demostraciones extraordinarias de autoridad. Al principio del dinamismo transformador, Jesús aparece como el Maestro cuya enseñanza es nueva porque transmite a sus oyentes la enseñanza divina, proyectando una imagen todopoderosa. Sin embargo, al final del movimiento sobre el dinamismo transformador, este Maestro todopoderoso se convierte en un personaje débil que anuncia a sus discípulos su propia muerte.

En este gran movimiento, los discípulos siguen siendo un personaje colectivo muy importante que gravita misional y pedagógicamente en torno a Jesús. Siguen a Jesús, escuchan sus enseñanzas, lo acompañan a todas partes, le sirven en la realización de su misión, y comienzan a predicar bajo la supervisión de Jesús. Tienen el privilegio de escuchar las explicaciones de la enseñanza de Jesús en privado (4.34); sin embargo, actúan como insensatos cuando le reclaman que no tiene cuidado de ellos (4.38); viven con Él largas e intensas jornadas de misión en las que ni siquiera hay tiempo para comer (3.20) o descansar (6.30–33). Además, ellos son víctimas del miedo y carecen de confianza en las situaciones adversas (4.40; 6.50; 9.19, 23). Estando extremadamente agotados, se esfuerzan al tope para alimentar las multitudes hambrientas que no tienen que comer (6.37). Por otro lado, los discípulos son lentos para aprender y no entienden bien las enseñanzas de Jesús (8.14–21), aunque a veces tienen grandes chispazos de inspiración (8.27–30). Algunos de ellos tienen pretensiones de autoridad (9.33–50; 10.35–45). Los discípulos que solo siguen y sirven a Jesús al comienzo del dinamismo de transformación, al final se convierten en *apóstoles,* enviados a predicar el evangelio del reino bajo la supervisión de su Maestro.

Los escribas y los fariseos siguen cumpliendo fielmente con su rol de grandes antagonistas de Jesús. Son un personaje colectivo llano porque siempre realizan la misma función; son muy predecibles. Los fariseos y los escribas aparecen en los diferentes escenarios en los que se encuentra Jesús para cuestionarlo y arruinarle la fiesta. Acusan a Jesús de expulsar a los demonios por el espíritu de Beelzebú (3.20–30), condenan a los discípulos de Jesús porque comen sin lavarse las manos (7.2), razón por la cual Jesús los llama hipócritas (7.6); además, discuten con Jesús y le piden una señal del cielo (8.11–13). La actitud de Jesús ante los escribas y los fariseos es muy consistente, siempre los reprende y les hace saber su ignorancia acerca de Dios y de todos los asuntos relacionados con Él.

La gente es un personaje colectivo cuyo accionar se construye a partir de varios rasgos (Marguerat y Bourquin, 2000). La gente se agolpa en la casa cuando sabe que Jesús está allí (3.20), es inoportuna y desconsiderada (3.21), le sigue a donde quiera que va, y se reúne a su alrededor para escuchar sus enseñanzas, aunque no las entiende (4.1; 4.12; 5.21; 6.33–34; 6.53–56; 8.1). La gente vive desorientada en el mundo y es objeto del cuidado especial de Jesús (6.30–44).

La familia de Jesús aparece en la narrativa como un personaje colectivo que no apoya ni comprende a Jesús. La familia blasfema contra Jesús al decir que ha perdido la razón, pero no blasfema contra el Espíritu, y se lo quieren llevar a casa (3.21, 31–32). Al no ser comprendido ni apoyado por su propia familia, Jesús toma distancia de ella para continuar con su misión como predicador y maestro del reino de Dios. Su propia familia se constituye en otro obstáculo que Jesús debe superar para convertir a sus seguidores en líderes del reino de Dios.

La enseñanza de Jesús

En el primer ciclo de la enseñanza de Jesús (1.21–3.19), nadie llama ni reconoce a Jesús como maestro; sin embargo, Él habla y actúa como maestro. Pero, en el movimiento del dinamismo transformador (3.20–10.52), que corresponde al segundo ciclo de la enseñanza de Jesús, los discípulos y la gente comienzan a reconocer a Jesús como maestro y comienzan a llamarle como tal. Los discípulos llaman maestro a Jesús, por primera vez, con un tono de reclamo, porque Él duerme despreocupado en la barca en medio de una gran tormenta en el mar (4.38), mientras ellos sienten que el mar se los va a tragar vivos. Unos hombres asociados a Jairo, el principal de la sinagoga, también reconocen a Jesús como maestro cuando le reportan a Jairo que su hija ha muerto, razón por la cual, le sugieren que ya no debe molestar a Jesús (5.35). En el monte de la transfiguración, en Cesarea de Filipo, Pedro llama *maestro* a Jesús (9.5) para sugerirle que es bueno para Simón, Jacobo, Juan y Jesús quedarse en el monte de la transfiguración. También en Cesarea de Filipo, un hombre de la multitud llama a Jesús *maestro* cuando le pide que expulse de su hijo a un espíritu inmundo (9.17). Caminando por Galilea, Juan también llama *maestro* a Jesús para decirle que han prohibido a uno, que no los sigue, echar fuera demonios en el nombre de Jesús (9.38). Un joven rico llama *maestro bueno*, y *maestro* a Jesús, cuando dialoga con él para saber qué debe hacer para heredar la vida eterna (10.17). Juan y Jacobo, hijos de Zebedeo, llaman a Jesús *maestro* cuando le solicitan sentarse a su lado en la gloria de su reino (10.35). El ciego Bartimeo reconoce y declara que Jesús es el hijo de David, el Mesías, a quien también llama *maestro* cuando le pide que le devuelva la vista (10.51). ¡Qué maravilla! El ciego Bartimeo muestra tener tanto o más conocimiento de Jesús que sus propios discípulos; ¡Bartimeo sabe que Jesús es el Mesías, y que como tal, realiza la función de maestro! ¡Hay que estar atentos porque la sabiduría y el conocimiento profundo puede llegar cuando menos se espera y de quien menos se espera! En este segundo ciclo de enseñanza, Jesús sigue realizando demostraciones extraordinarias de autoridad mientras realiza la gran función de maestro.

Como tal, Jesús no se dedica a explicar lo que otros han dicho. Enseña temas nuevos, empujando el conocimiento a nuevas fronteras. En todo caso, la enseñanza de Jesús siempre es decisiva. Jesús tiene la última palabra en su enseñanza porque tiene la autoridad final. Él es el maestro de la enseñanza divina. Por eso su enseñanza puede cambiar el destino de la gente. Marcos nos sigue dando cuenta de ella en lo que puede considerarse como el segundo gran bloque de la enseñanza de Jesús.

La blasfemia contra el Espíritu Santo (3.20–30)

Al micro-relato del establecimiento de la pequeña comunidad de discípulos de Jesús (3.13-19) le sigue una breve secuencia de dos episodios, unificados por la presencia del personaje colectivo de la familia de Jesús (3.20-30, 31-35). El primero de estos episodios da cuenta de la enseñanza acerca de la *blasfemia contra el Espíritu Santo*, debido a que unos escribas de Jerusalén dicen que Jesús echa fuera a los espíritus inmundos porque tiene a *Beelzebú*, el príncipe de los demonios (3.20-30).

Es irónico que los escribas de Jerusalén, los grandes intérpretes de la Escritura y maestros de teología, no sepan que Jesús echa fuera demonios porque tiene la autoridad del *Espíritu Santo*. Son maestros de la Escritura y teólogos, pero no tienen ningún conocimiento de la función de Jesús como Cristo y de la función del Espíritu relacionada con Jesús. Esta ignorancia los empuja a hablar mal de Jesús y de su poder: dicen que Jesús expulsa a los espíritus inmundos por *Beelzebú*. Los escribas de Jerusalén blasfeman contra el Espíritu Santo porque hablan mal de él. Entonces, Jesús aprovecha la ocasión para enseñar a estos escribas sobre la blasfemia contra el Espíritu Santo.

En esta enseñanza, Jesús plantea la imposibilidad de expulsar espíritus inmundos por el poder de *Beelzebú*, señalando, mediante los dichos metafóricos del reino que se divide contra sí mismo y la casa que se divide contra sí misma, la condición final de *Satanás* si se levanta contra sí mismo: no puede permanecer (3.23-26). Además, Jesús sugiere, mediante la parábola del hombre fuerte que es atado y cuyos bienes son saqueados, que Él expulsa a los demonios porque tiene al Espíritu Santo, y que este es más fuerte que Satanás (3.27). Jesús concluye su enseñanza de la blasfemia contra el Espíritu Santo de un modo decisivo. Declara que cualquier blasfemia puede ser perdonada a los hombres, pero que cualquiera que blasfeme contra el Espíritu Santo ya es reo del juicio eterno (3.29).

La nueva familia de Jesús (3.31–35)

En el segundo de los dos episodios unificados por la presencia de la familia de Jesús (3.31-35), que tiene lugar en el ambiente en que Jesús enseña sobre la blasfemia contra el Espíritu Santo (en la casa de los discípulos), Jesús también enseña acerca de su *madre y sus hermanos* en la fe. Esta enseñanza es motivada por la llegada de la familia de Jesús para llevárselo de la casa de los discípulos, porque dice que ha perdido la razón (3.21). Sin darse cuenta, la familia de Jesús está blasfemando contra Jesús porque habla mal de Él. La familia de Jesús comete un error al juzgar a Jesús. Jesús no está loco, tiene una intensa pasión por Dios y por el reino de Dios.

Jesús vive y respira la misión que Dios le ha dado. No vive para otra cosa. Los intereses y prioridades que mueven a Jesús son diferentes a los que mueven a su familia. Sin querer y sin saber, su propia familia se vuelve una piedra de tropiezo para Jesús. Conociendo las intenciones de su familia, cuando le informan que le buscan, Jesús enseña que todo aquel que *hace la voluntad de Dios* es su hermano, hermana y su madre (3.35). Con esta enseñanza, Jesús toma distancia de su familia terrena y fortalece el lazo espiritual que lo une a la gente que hace la voluntad de Dios. Ellos y ellas son su familia en Dios. Jesús imparte esta enseñanza a partir de la pregunta: ¿Quién es mi madre y mis hermanos?

El misterio del reino de Dios (4.1–32)

A la breve secuencia de enseñanzas relativas a la blasfemia contra el Espíritu Santo y a la nueva familia de Jesús, le sigue una secuencia de enseñanzas parabólicas y dichos metafóricos unificados por el tema del *misterio del reino de Dios:* la parábola[53] del sembrador (4.3–20); los dichos metafóricos del candelero (4.21–23) y de la medida (4.24–25); y las parábolas de las semillas (4.26–29; 30–32). Esta breve secuencia de parábolas y dichos metafóricos tiene como modo de exposición el «decir», una secuencia que pone más atención al conocimiento

---

[53] Algunos estudiosos creen que la coherencia del discurso parabólico del sembrador y los dichos parabólicos de la semilla, relativos al misterio del reino de Dios, es de redacción; y que las parábolas fueron usadas por el evangelista Marcos para ilustrar el carácter de la venida del reino de Dios proclamado por Jesús, ver William Lane (1994) y Schmid (1981). Según Taylor (1969), la parábola es una comparación que toma una metáfora o episodio de la vida cotidiana para explicar una verdad espiritual y no para oscurecerla. Sin embargo, en el texto de Marcos, las parábolas son presentadas como un dispositivo didáctico que estimula la reflexión y la decisión humana; siguiendo el modelo de la enseñanza rabínica, Jesús explicó el significado de las parábolas a sus discípulos. Según Myers, Jesús no usa las parábolas para llevar los asuntos humanos a un plano celestial, tampoco para bajar realidades místicas y arcanas a la tierra, sino para traer la teología a la tierra en un discurso claro para los pobres (1990).

que Jesús transmite con sus palabras que a las acciones que realiza (Marguerat y Bourquín, 2000).

En la parábola del sembrador, Jesús enseña a sus discípulos que *se les ha dado saber el misterio del reino de Dios porque están dentro* (4.11). Seguir a Jesús y estar con Él en la predicación y enseñanza del reino de Dios es estar dentro del reino de Dios. Este reino no es un espacio geográfico limitado por fronteras, tampoco una institución religiosa, y mucho menos un sistema político. Existe la tentación de vincular el reino de Dios con alguna o con todas estas realidades; pero ninguna de ellas, ni la suma de ellas, es el reino de Dios. El reino de Dios es el modo particular en que Dios desea que los hombres y las mujeres vivan aquí en la tierra; es el modo de vida en el que prevalece la justicia y la paz, en el que se reconoce y respeta la dignidad de cada hijo e hija de Dios. En el reino de Dios no hay lugar para ninguna discriminación porque todos los que obedecen a Dios se pueden sentar en la misma mesa como iguales, y en dicha condición tienen la oportunidad de expresar su propia voz sin temor de ser juzgados mal, silenciados, reprimidos y marginados, aun cuando sea una voz que reclama, porque es la voz del reclamo responsable.

Estar en el reino de Dios es seguir a Jesús y estar con Jesús en la construcción de un mundo nuevo para todos, es vivir en la tierra el sueño de Dios para la humanidad. Los seguidores de Jesús que no se quedan para escuchar la explicación de las enseñanzas del reino, y quienes tampoco siguen a Jesús en la construcción del reino, están afuera (4.10, 11); son seguidores de ocasión, a quienes Jesús les enseña el misterio del reino de Dios por medio de parábolas, para que «… viendo, vean y no perciban; y oyendo, oigan y no entiendan; para que no se conviertan, y les sean perdonados los pecados…» (4.11, 12).

En la parábola del sembrador, Jesús enseña a sus discípulos que el misterio del reino de Dios tiene que ver con la comunicación pública del evangelio, que se refiere a la realidad alternativa deseada por Dios para los hombres y el efecto multiplicador que esta comunicación genera en las personas que la hacen suya. El sembrador es quien comunica públicamente el evangelio del reino de Dios (4.14). Y la comunicación pública del evangelio produce diversos efectos en sus receptores: unos oyen la palabra pero Satanás la quita de sus corazones (4.15); otros, reciben la palabra con gozo, pero cuando viene la persecución o la adversidad por causa del evangelio, tropiezan (4.16, 17); otros, oyen la palabra pero los afanes de la vida, el engaño de la riqueza, y las codicias de otras cosas, ahogan la palabra y la hacen infructuosa; finalmente, otros reciben la palabra y producen abundante fruto según su propia capacidad (4.13–20). En esta parábola, los discípulos pueden asociar la función del sembrador con la función de predicador del evangelio que Jesús realiza, y también pueden asociarse a ellos mismos con la multiplicación del fruto producido por la palabra del evangelio que Jesús ha predicado. Con la parábola del sembrador, Jesús sugiere a sus discípulos que deben ser sembradores como Él y que cada uno de ellos debe producir fruto según su propia capacidad, es decir, otros sembradores deben surgir a partir de la predicación de cada uno de ellos. En la enseñanza de la parábola del sembrador, Jesús modela a sus discípulos la misión del sembrador, esperando que ellos también lleguen a ser sembradores que producen otros sembradores.

En el breve dicho didáctico y metafórico de *la luz* (4.21–22), Jesús enseña a sus discípulos que el evangelio del reino no se debe esconder de nadie. Sólo comunicando públicamente el evangelio del reino, su mensaje tiene fuerza para iluminar.

En el breve dicho metafórico y didáctico de la *medida* (4.23–25), Jesús enseña a sus discípulos que serán medidos por la forma en que viven en respuesta al conocimiento del reino de Dios que se les ha dado. Si fracasan en dar la medida que se espera de ellos, entonces se les quitará lo que tienen. Y lo que tienen, no se refiere aquí a cosas concretas que hacen más cómoda la vida, sino al gran tesoro intangible de la palabra del evangelio del reino.

En las parábolas de *la semilla* (4.30–32), Jesús enseña a sus discípulos que el reino de Dios tiene un origen y un crecimiento que son como el de la semilla. El comienzo del reino de Dios es insignificante, pero llega a tener un crecimiento exuberante de modo que muchos pueden beneficiarse de él. Los discípulos pueden ver el comienzo insignificante del reino, pero no saben cómo crece.

El bloque narrativo que corresponde a las enseñanzas parabólicas del reino de Dios concluye con un breve enunciado de Marcos sobre la función didáctica de las parábolas en las enseñanzas de Jesús acerca del reino: a la gente no les habla sin parábolas, aunque a sus discípulos les declara todo (4.33, 34). Los discípulos tienen la dicha de escuchar en privado el significado de las enseñanzas del Maestro.

Las primeras enseñanzas acerca de la fe

Al bloque de enseñanzas parabólicas y dichos didácticos relativos al misterio del reino de Dios le sigue una secuencia de cinco episodios, unificados por las enseñanzas prácticas de Jesús acerca de la *fe* (4.35–40; 5.1–20; 5.21–43; 6.1–6; 6.7–13). En esta secuencia se pone más atención a las acciones que Jesús realiza que a las palabras que dice, aunque las pocas palabras que Jesús dice siempre comunican enseñanzas importantes.

La *fe* es una de las grandes enseñanzas de Jesús en el Evangelio de Marcos; sin embargo, Jesús no enseña acerca de la fe del mismo modo en que enseña acerca del reino de Dios. Transmite su conocimiento en torno a la *fe* de forma más pragmática que teórica. Jesús enseña sobre la fe en el camino, en el contexto de su misión como predicador y maestro que realiza grandes demostraciones de autoridad.

Marcos ha venido construyendo su narrativa didáctica acerca de la fe, desde la situación inicial de su Evangelio. Desde el inicio de su misión como predicador del reino, Jesús invita a la gente a *creer* en el evangelio. Y, creyendo en este se responde apropiadamente al evangelio que se oye (1.14, 15). En este episodio, creer es más que aceptar o estar de acuerdo cognitivamente con los grandes temas de la proclamación del evangelio del reino; creer es confiar en las buenas nuevas del reino que Jesús proclama.

Más adelante, en su primera jornada de predicación en la casa de sus discípulos, Jesús ve la fe de cuatro hombres que llevan cargado a un paralítico. La fe es el motivo central que causa que estos cuatro hombres busquen al paralítico y lo traigan a Jesús, aunque tengan que superar algunas adversidades. La fe causa que estos hombres tengan la convicción y la confianza de que Jesús puede sanar al paralítico. Llevan al paralítico para que sea sanado, pero lo primero que hace Jesús es perdonarle sus pecados. Jesús enseña que el perdón de pecados tiene prioridad sobre la sanidad. ¿Será porque sin perdón de pecados no puede haber sanidad? Jesús perdona los pecados del paralítico y lo sana (2.1–12). En este micro-relato, la fe es algo que se puede ver, algo que se puede demostrar por las acciones de los que creen.

Volviendo a la secuencia de episodios de demostraciones de autoridad unificadas por el tema de la fe (4.35–40; 5.1–20; 5.21–43; 6.1–6; 6.7–13), que siguen a las enseñanzas parabólicas del reino de Dios, la narrativa susurra al oído de los lectores que en cada uno de estos episodios Jesús enseña algo importante acerca de la fe. Enseña que la incredulidad y el temor van de la mano; el que no cree es víctima del temor. El discípulo que es dominado por el temor actúa y habla como un insensato porque no ha aprendido a creer en Dios como debe (4.35–41). Jesús también enseña que la gente puede ser sanada si cree que Él puede sanarla. También enseña que puede resucitar muertos, si la gente cree que puede hacerlo; y que puede ayudar a los que no creen a creer (5.21–43). Estos episodios enseñan, irónicamente, que los que creen que Jesús puede realizar imposibles son los gentiles, los que no andan con Jesús; y que los discípulos, los que andan con Él por todas partes, son quienes no creen.

En resumen, es posible decir que no hay condición humana, situación de vida o fenómeno de la naturaleza que pueda excluirse de los efectos de la autoridad de Jesús. Él demuestra su autoridad motivado por la fe de la gente necesitada. La gente no siempre cree como debe creer ya que a veces necesita ayuda para creer. A Jesús no sólo lo motiva la fe de la gente para hacer grandes demostraciones de autoridad; Él, además, le hace bien a la gente motivado por su misericordia (1.41; 6.34; 8.2).

En algunos episodios, Jesús realiza acciones extraordinarias a favor de la gente, sin que nadie realice una acción o diga una palabra que demuestre su fe (3.1–6). ¿Acaso sugiere Marcos que la fe humana no es una condición absolutamente necesaria para que Jesús realice sus grandes demostraciones de autoridad? En todo caso, en su propia tierra, Jesús no hizo ningún milagro, porque la gente no creía en Él (6.1–6). Y los escribas y fariseos no creyeron en la proclamación del evangelio del reino ni en las señales del reino (2.2–8, 16; 3.1).

El llamado de envío a la predicación (6.7–13, 30)

El llamado de envío a la predicación, que es el tercero de tres llamados importantes que Jesús hace a sus discípulos (6.7–13), opera como un dispositivo de transición que cierra el primer bloque (3.20–6.13) del segundo ciclo de enseñanzas de Jesús (3.20-10.52), y abre el segundo bloque (6.7-10.52).

Después de que Jesús enseña acerca de la blasfemia contra el Espíritu (3.20-3.30), de su nueva familia (3.31-35), la parábola del sembrador (4.1-20), las parábolas de la luz y la medida (4.21-25), las parábolas de las semillas (4.25-34), y de su dominio sobre la tormenta (4.35-41), en el episodio que sigue al llamamiento de envío, el lector esperaría encontrar la sucesión de acciones relacionadas con la primera jornada de predicación de los discípulos. Sin embargo, para sorpresa del lector, aparece en su lugar la cadena de acciones relacionadas con la muerte de Juan el Bautista, lo cual sugiere que la primera jornada de predicación de los discípulos se realiza al mismo tiempo en que suceden los hechos relacionados con la muerte de Juan (6.14-29), en un tiempo relativamente largo.[54]

En su primera jornada de predicación, los discípulos experimentan un gran momento transformador. Comienzan a realizar aquello para lo cual Jesús los llamó y para lo cual eran incompetentes en la situación inicial: comienzan a funcionar como líderes del reino, y esto lo hacen predicando el evangelio con demostraciones de autoridad (6.12-13). Los discípulos enviados a predicar no funcionan como mensajeros independientes, ya que tan pronto como regresan de la jornada de predicación le rinden cuentas a Jesús de lo que han hecho y, sorpresivamente, ¡no le rinden cuentas de lo que han predicado sino de lo que han enseñado (6.30)! ¡Parece ser que Marcos está sugiriendo que la función central del predicador es compartir con otros lo que sabe! En el Evangelio de Marcos, la predicación es un dispositivo didáctico privilegiado para enseñar a las multitudes. Por otro lado, el Evangelio también comunica que la forma en que viven los que predican es tan importante como su enseñanza. Su vida privada debe englobar su predicación. Además, deben rendir cuentas a Jesús de su enseñanza porque Él los llamó a ser predicadores y les enseñó cómo serlo, les dio el mensaje que debían predicar y les dio autoridad para cumplirlo.

---

[54] El episodio de la muerte de Juan en Bautista, intercalado en el brevísimo relato de la primera jornada de predicación de los discípulos de Jesús, es una elipsis; la cual tiene la función de comunicar que esta jornada de predicación de los discípulos se realiza en un tiempo relativamente largo. Marcos deja a la imaginación de sus lectores como se pudo haber realizado esa jornada de predicación, ver Marguerat y Bourquin (2000).

Ninguno de los apóstoles debía tener la arrogancia de pretender vivir y enseñar sin rendirle cuentas a Jesús.

Secuencia de tres demostraciones de autoridad (6.30–44; 6.45–52; 6.53–56)

Al episodio de la muerte de Juan el Bautista le sigue una secuencia de tres episodios de demostraciones de autoridad de Jesús. En estos tres episodios los discípulos realizan diversas funciones. En el primer episodio, Jesús alimenta a cinco mil hombres sólo con cinco panes y dos peces; en esta ocasión, los discípulos que han regresado agotados de su primera jornada de predicación, realizan la función de diáconos, organizando las multitudes hambrientas para repartirle su alimento (6.30–44).

En el segundo episodio, Jesús envía a sus discípulos en una barca a Betsaida, mientras Él se queda orando; navegan ante vientos contrarios, remando con gran fatiga; Jesús camina hacia sus discípulos sobre el mar pero ellos piensan que ven su fantasma; entonces, Jesús les anima haciéndoles saber que no se trata de un fantasma, y los vientos contrarios desaparecen (6.45–52). Este episodio no sólo es el segundo de una cadena de tres que siguen al micro-relato de la muerte de Juan el Bautista (6.14–29); también es el segundo de dos episodios en que Jesús demuestra su autoridad sobre los vientos y el mar (4.35–41; 6.45–52). En el primero de estos dos, Jesús ordena que se callen los vientos huracanados en el mar, ante la presencia de sus discípulos miedosos e incrédulos (4.35–41); en el segundo episodio, Jesús calma los vientos contrarios ante los cuales navegan sus discípulos miedosos y faltos de entendimiento (6.45–52). El primero de estos episodios se enfoca en la incredulidad de los discípulos y el segundo en la falta de entendimiento. La incredulidad y la falta de entendimiento son los grandes obstáculos internos que Jesús debe ayudar a los discípulos a superar para que lleguen a ser pescadores de hombres (4.40; 6.52; 7.17–19; 8.17, 21). Y en ambos episodios se asocia el temor con la incredulidad y la falta de entendimiento. En el primer episodio (4.35–41), los discípulos tienen miedo porque no creen; y, en el segundo, los discípulos tienen miedo porque no entienden (6.45–52). Los discípulos de Jesús experimentan miedo por varias razones, pero Jesús siempre les ayuda a vencer sus temores.

El tercer episodio de esta secuencia, da cuenta de las demostraciones extraordinarias de sanidad que Jesús realiza en las ciudades, aldeas o campos de la tierra de Genesaret. La fe de la gente sigue creciendo. Y, a donde quiera que Jesús va, los enfermos son sacados a la calle. Estos ya no esperan que Jesús les hable o les toque para ser sanados. Creen que con sólo tocar el borde de su manto o al propio Jesús, pueden ser sanos (6.53–56).

Lo que contamina al hombre (7.1–23)

Al micro-episodio de la sanidad de los enfermos en Genesaret (6.53–56), le sigue el micro-episodio de la enseñanza de lo que contamina al hombre (7.1–23). Esta enseñanza tiene lugar con ocasión de la crítica condenatoria que los escribas y fariseos, que han venido de Jerusalén, hacen a los discípulos de Jesús por comer sin lavarse las manos. Esta crítica de los fariseos se apoya e inspira en *las tradiciones de los ancianos* y no en los mandamientos de Dios. Por esta razón, cuando los fariseos cuestionan a Jesús porque sus discípulos comen pan con las manos sucias, Jesús les llama *hipócritas*. Los fariseos son maestros que pretende enseñar como palabra de Dios sus limitadas interpretaciones humanas. Confunden el cebo con la manteca; la manteca no es el cebo. La palabra de Dios no es la tradición de los ancianos de Israel.

Jesús hace a un lado la tradición de los ancianos y enseña a los fariseos, a las multitudes, y a sus discípulos, que no es lo que entra por la boca lo que contamina al hombre sino lo que sale de él, porque del corazón salen todas las maldades que contaminan al hombre. Jesús ofrece una nueva explicación a sus discípulos respecto a la enseñanza de lo que contamina al hombre, porque ellos no la entienden (7.17–19). Esta enseñanza siempre es decisiva. Siempre pone la hermenéutica y teología judía en un nuevo camino, en una nueva dirección. Más adelante, Jesús advierte a sus discípulos que tengan cuidado de la enseñanza de los fariseos (8.14–21).

La compasión de Jesús

En su Evangelio, Marcos da a conocer a sus lectores que la *compasión* es el factor interior que mueve a Jesús a hacer el bien a los que sufren: al principio de su ministerio como predicador y maestro, *teniendo compasión*, Jesús limpió al leproso (1.40–45); al hombre de Gadara, a quien Jesús había liberado de una legión de demonios, le pidió que se fuera a su casa para contar a los suyos cómo el Señor había tenido *compasión* de él (5.1–20); Jesús alimentó y enseñó a cuatro mil personas, primero (6.30–44); y luego a cinco mil (8.1–30), porque *tuvo compasión de ellas* ya que eran como ovejas sin pastor (6.34; 8.2). Jesús, como predicador y maestro del reino de Dios, no es indolente ni impasible, nunca da la espalda al dolor y a la necesidad humana porque teniendo misericordia de los que sufren, actúa a favor de ellos.

La levadura de los fariseos (8.14–21)

Jesús pide a sus discípulos que tengan cuidado de la *levadura de los fariseos* y de la *levadura de Herodes,* no porque los discípulos se olvidaron de traer pan para el viaje (8.14–21), sino porque los fariseos y Herodes son una amenaza para la fe de ellos. Los fariseos acaban de probar a Jesús pidiéndole una señal del cielo (8.11–13). En el contexto de la trama pedagógica del Evangelio de Marcos, la levadura es una metáfora que se refiere a la enseñanza e ideología de los fariseos y de Herodes, y que son contrarias a la enseñanza de Jesús. A sus discípulos Jesús les enseña que hay que tener fe para ver y hacer demostraciones extraordinarias de autoridad. Los fariseos y Herodes creen todo lo contrario. Creen que para tener fe en Jesús, Él tiene que realizar primero una señal del cielo, justificando así su pragmatismo asesino e incrédulo. Jesús demuestra su autoridad a los fariseos decidiendo con autoridad no seguirle el juego. Decide no hacer ninguna señal de autoridad para ellos.

La declaración de Pedro
y los anuncios de la muerte

La gran declaración de Pedro acerca de la identidad de Jesús (8.27–30), y los tres anuncios de Jesús respecto a su muerte y resurrección (8.31–9.1; 9.30–32; 10.32–34), van cerrando el dinamismo de transformación del Evangelio en perspectiva pedagógica, al cual corresponde el segundo gran bloque de las enseñanzas de Jesús.

Los tres anuncios de la muerte y resurrección de Jesús funcionan en la narrativa como marcadores, que señalan y anticipan el desenlace final del Evangelio. El primero de estos anuncios tiene lugar en el camino de las aldeas de Cesarea de Filipo (8.27); el segundo, en los caminos de la región de Galilea (9.30); y el tercero, mientras Jesús sube el camino a Jerusalén (10.32). La trama narrativa sugiere que es la última vez que recorre estas regiones antes de morir en Jerusalén.

El primer anuncio de Jesús acerca de su muerte sigue a la gran confesión de Simón, que Jesús es el Cristo (8.27–30), confesión que es una de las varias acciones transformadoras que se generan en el movimiento del dinamismo de trasformación. Esta acción transformadora la conocen los discípulos, ya que muestran tener un conocimiento de Jesús que antes no tenían; los discípulos no han logrado saber esto humanamente, sino que les ha sido revelado. A esta gloriosa confesión de Pedro, le sigue inmediatamente el triste anuncio de Jesús acerca de su muerte. ¡Qué gran contraste y qué sorpresa en la narrativa! Esta contrasta a un Jesús todopoderoso, que Pedro reconoce como el Cristo, con un Jesús muy débil que anuncia su propia muerte en manos de sus poderosos adversarios.

Los anuncios de Jesús acerca de su muerte son claros (8.32) porque no quiere que sus discípulos tengan duda o confusión acerca de su muerte; por eso, Jesús no se apoya en ningún recurso didáctico, como la parábola o el planteamiento de preguntas, para transmitirlos.

Los anuncios de Jesús acerca de su muerte están conectados con los de su resurrección (8.31; 9.31; 10.34). Jesús no anuncia su muerte sin anunciar su resurrección. En estos, la resurrección tiene la última palabra, y no la muerte, anticipando que en el desenlace final del Evangelio se tendrá el grandioso espectáculo del triunfo de la vida sobre la muerte.

Los anuncios de Jesús acerca de su muerte sacuden dramáticamente a sus discípulos. Al primer anuncio, Simón siente lástima por Jesús e intenta convencerlo para que no continúe en la ruta de la misión que lo conducirá inevitablemente a la muerte y que, además, pondrá en grave riesgo la vida de todos los discípulos. La actitud de Pedro es muy humana, pero no concuerda con los designios de Dios. Por eso, Jesús reprende a Pedro severamente diciéndole: *¡Quítate delante de mí, Satanás! porque no pones la mira en las cosas de Dios, ¡sino en las de los hombres!* Inmediatamente, Jesús amplía el significado de la primera enseñanza acerca de su muerte, conectándola a la del precio que deben pagar todos los que pretendan ser sus discípulos: *Si alguno quiere venir en pos de mí, niéguese a sí mismo, y tome su cruz, y sígame. Porque todo* *el que quiera salvar su vida, la perderá; y todo el que pierda su vida por causa de mí y del evangelio, la salvará.* Finalmente, la primera enseñanza de Jesús acerca de su muerte, que está conectada con el anuncio de su resurrección, es la gran ocasión de la enseñanza de Jesús respecto al precio del discipulado (8.31–9.8). Luego, retoma la enseñanza de la realidad del reino de Dios señalando que vendrá con poder (9.1), de la cual Pedro, Jacobo y Juan tienen una gran y extraordinaria demostración (9.2–8).

Los siguientes dos anuncios de Jesús acerca de su muerte son más breves que el primero (9.30–32; 10.32–34). Sin embargo, están conectadas al primer anuncio por algunos hilos temáticos que les son comunes: primero, estos dos anuncios tienen una forma breve y directa del rechazo, padecimiento y muerte que le espera a Jesús en manos de los líderes políticos y religiosos de Israel; segundo, ambos anuncios están conectados al de la resurrección de Jesús, trayendo un nuevo significado al dramático final del Evangelio. Sin embargo, los últimos dos episodios de la enseñanza de Jesús acerca de su muerte consideran algunos efectos que produjeron en los discípulos.

En el segundo anuncio, Marcos registra que los discípulos no habían entendido esta enseñanza y que temían preguntarle. No habían entendido esta enseñanza, porque no podían conciliar racionalmente todo lo que habían aprendido de Jesús en el pasado con la nueva enseñanza de su muerte. Y tenían miedo de preguntarle a Jesús porque no querían quedar mal parados ante Él.

En la tercera enseñanza, los discípulos se asombran y con temor siguen a Jesús, porque sube con paso firme a Jerusalén sabiendo que va a morir. Los discípulos tenían miedo de morir con Jesús.

Enseñanza sobre los más pequeños

Jesús enseña a sus discípulos que para ser el primero en el reino de Dios hay que ser el último, el servidor de todos (9.33–37). Esta enseñanza fue ocasionada por una discusión que los discípulos habían tenido caminando por Galilea, antes de regresar a casa, acerca de quién de ellos debía ser el mayor en el reino de Dios. Jesús responde a esta cuestión con una gran paradoja: ¡El primero es el último! Con esto, Jesús invierte la estructura piramidal del liderazgo y le otorga un nuevo carácter: ¡Los primeros en el liderazgo del reino son los que sirven, y no los que mandan! A partir de esta gran enseñanza, Jesús enseña a sus discípulos sobre los más pequeños.

También les enseña que cualquiera que haga tropezar a *uno de estos pequeñitos que creen en Él,* mejor le fuera atarse una piedra de molino al cuello y ser arrojado al fondo del mar. Hacer tropezar a los más pequeñitos que creen en Jesús es una falta gravísima, que merece el juicio de Dios. En el texto de Marcos, los más pequeñitos son los niños (9.36–37) y los que echan fuera demonios, pero que son despreciados por los discípulos de Jesús porque no pertenecen a su comunidad (9.30–40).

El divorcio, los niños y cómo heredar la vida eterna

Los fariseos le preguntaron a Jesús, en la región de Judea, si era lícito que el marido repudiase a su mujer. Jesús les responde que Moisés permite al hombre dar carta de divorcio y repudiar a su mujer, por causa de la dureza del corazón del hombre. Luego, Jesús desarrolla una argumentación que se aparta de la enseñanza de Moisés, fundamentada en la unión de la primera pareja humana (Gn 1.27; 2.24; 5.2) para afirmar que lo que Dios juntó no lo separe el hombre (10.1–12).

En cuanto a la enseñanza acerca de los niños, Jesús enseña de un modo práctico a sus discípulos que hay que reconocer, aceptar y amar a los niños porque el reino de Dios es de ellos. Los niños no tienen nada que hacer o decir para entrar al reino de Dios. El reino ya les pertenece. Al final de esta enseñanza, Jesús afirma que los niños son el modelo de cómo hay que recibir el reino de Dios y cómo hay que entrar en él (10.13–16).

Jesús enseña a un joven rico que para heredar la vida eterna debe guardar los mandamientos de Moisés, vender lo que tiene, dárselo a los pobres, y volverse discípulo de Jesús. Afligido por estas palabras, el joven rico se va triste porque tenía muchas posesiones. Jesús no le dice al joven rico que no puede heredar la vida eterna. Sin embargo, le hace saber que heredar la vida eterna no es tan fácil como algunos ricos suponen. Los ricos pueden heredar la vida eterna si manejan sus riquezas en función del bienestar de los pobres y si confían en Dios en lugar de confiar en las riquezas para vivir (10.17–31).

La enseñanza de Jesús en el movimiento del dinamismo transformador es muy consecuente con su enseñanza en el movimiento del nudo. Jesús sigue enseñando temas nuevos del conocimiento; y, cuando aborda temas ya conocidos, lo hace de una manera decisiva, creando nuevos significados, empujando así las fronteras del conocimiento teológico de la época. Jesús sigue enseñando temas nuevos del conocimiento, también de un modo nuevo. Enseña como alguien que tiene autoridad aún sobre el viento y el mar. Jesús tiene mucha imaginación para utilizar una variedad de figuras retóricas como dispositivos pedagógicos que facilitan la transmisión y comprensión de su enseñanza. Sigue planteando preguntas para estimular la reflexión de sus oyentes y para predisponerlos a que sean receptivos a sus enseñanzas (3.23; 3.33), para introducir nuevos temas del conocimiento (4.21), para confrontar a sus discípulos en su falta de conocimiento (4.13), o en su falta de fe (4.40). A Jesús le encantan los juegos de palabras (4.12), interpreta nuevas situaciones a la luz de los textos proféticos y de Moisés (7.6, 7; 7.10; 10.4), usa el lenguaje poético (4.7–8, 20), llama la atención de sus oyentes para presentar largos discursos (4.3), y desarrolla argumentaciones apoyándose en parábolas y expresiones metafóricas (3.23–30, 31–33; 4.1–30).

Capítulo 5

Enseñanzas en Jerusalén y el templo: el desenlace[55] del evangelio

El cuarto gran movimiento de una trama narrativa es el desenlace. Este gran movimiento describe el impacto del dinamismo de transformación sobre los principales personajes del relato (Marguerat y Bourquin, 2000). En la trama narrativa del Evangelio de Marcos en clave pedagógica, el movimiento del desenlace corresponde al tercer bloque de la enseñanza de Jesús (11.1–16.18).

En el movimiento del dinamismo transformador, el evangelista Marcos nos muestra que Jesús logra alcanzar, con su pequeño grupo de seguidores, su gran visión pedagógica: los logra convertir en pescadores de hombres (1.17). En el movimiento del dinamismo transformador, los discípulos demuestran tener competencias que antes no tenían, pero que el Señor les ha ayudado a desarrollar: los discípulos predican el evangelio del reino con demostraciones extraordinarias de autoridad (6.12); además, obtienen el conocimiento nuevo de que Jesús es el *Cristo* (8.27–30) que debe morir y resucitar (8.31–9.1; 9.30–32; 10.32–34). El movimiento del dinamismo transformador muestra la superación de las limitaciones que impedían que los discípulos llegasen a ser pescadores de hombres. Una vez que Jesús ha realizado su visión pedagógica con sus discípulos, y una vez que ellos han comenzado a predicar el evangelio del reino con autoridad, ¿qué sucede con Jesús

---

55 En una trama narrativa, el desenlace es la contraparte simétrica del nudo. Si en el nudo la trama se complica, en el desenlace se resuelve el problema enunciado en la trama. El desenlace describe el impacto del dinamismo de transformación en los personajes centrales del relato. Ver Marguerat y Bourquin (2000).

y sus discípulos? ¿Qué efectos produce el dinamismo transformador en Jesús y sus discípulos? ¿Qué ramificaciones tendrán estos grandes cambios en el conocimiento y en las habilidades de los discípulos en el resto de la narrativa del Evangelio de Marcos en perspectiva pedagógica? El movimiento del desenlace describirá estos efectos.

Los anuncios de la muerte y resurrección de Jesús en el dinamismo de transformación comienzan a preparar el camino para el desenlace final, que arranca con el episodio de la entrada a Jerusalén y el templo (11.1–12), espacios en que Jesús transmite sus últimas enseñanzas que lo conducirán inevitablemente a la muerte.

En el nudo o complicación, Jesús transmite su nueva enseñanza del reino de Dios (1.27; 4.1–34) realizando demostraciones extraordinarias de autoridad (1.21–28; 29–31; 32–34; 40–45; 2.1–12; 3.1–5), razón por la cual las multitudes le siguen entusiasmadas a donde quiera que va (1.28, 34, 37, 45; 2.1–2; 3.7–8, 20; 4.1). En el desenlace, como contraparte del nudo, Jesús es traicionado por las multitudes que exigen su crucifixión (15.13, 14), es entregado y abandonado por sus discípulos (14.50), es condenado injustamente a muerte (15.21–37), es sepultado y resucita (15.42–16.13). Finalmente, Jesús resucitado envía a sus discípulos a predicar el evangelio del reino al mundo (16.14–18). El desenlace final muestra que la enseñanza de Jesús es nueva porque tiene autoridad divina: Jesús demuestra su autoridad divina resucitando de entre los muertos. En Jesús, la última palabra del Evangelio la tiene la vida y no la muerte.

Los espacios geográficos del movimiento del desenlace

La secuencia de acciones y enseñanzas del movimiento del desenlace señalan que Jesús se desplaza estratégicamente desde las poblaciones de Betfagé y Betania, localizadas al frente del monte de los Olivos (11.1), al gran templo de Jerusalén (11.11). Según la narrativa del movimiento del desenlace, Jesús visita tres veces el templo de Jerusalén: primero sólo para mirar todas las cosas alrededor, cuando ya anochecía, regresando luego con sus discípulos a Betania (11.11); luego, al día siguiente, para echar fuera del templo a los comerciantes y cambistas (11.15–19); y, después, para dedicarse a una larga e intensa jornada de enseñanza

(11.27–12.44). Después de enseñar en el templo, Jesús se desplaza al monte de los Olivos, localizado frente al templo. Allí Jesús enseña a sus discípulos sobre las señales del tiempo del fin (13.3–37). Después, en el monte de los Olivos, Jesús anuncia también la negación de Pedro (14.26–31), y ora en un lugar llamado Getsemaní (14.32). Después, Jesús regresa al templo para ser condenado por el gran concilio (14.53–65). Luego, Jesús muere crucificado y es sepultado fuera de Jerusalén (15.21–22; 42–47). Finalmente, Jesús resucita, se aparece a sus discípulos en Jerusalén y se encuentra de nuevo con ellos en Galilea para enviarlos a predicar al mundo (16.1–18).

La construcción del movimiento del desenlace

El movimiento del dinamismo transformador (3.20–10.52) se eslabona con el movimiento del desenlace (11.1–16.18) por medio del episodio de la sanidad del ciego Bartimeo (10.46–52). Este episodio funciona como la llave que destraba el candado del significado teológico en clave pedagógica de todo el Evangelio. Bartimeo no puede ver porque es ciego; sin embargo, es un ciego que sabe. Sabe que Jesús es el Hijo de David y que, como tal, es *Maestro*. ¡La respuesta a la gran cuestión hermenéutica y teológica acerca de la identidad de Jesús está en la boca de un ciego, qué irónico! ¡Bartimeo, el ciego que cree porque quiere ver, anuncia que el Mesías es maestro!

Al episodio de la sanidad de Bartimeo le sigue una larga secuencia de diez episodios unificados por el tema del templo de Jerusalén (11.1, 15, 27, 35; 13.1). Los primeros tres episodios de esta secuencia retoman el tema teológico de la autoridad de Jesús: en el primer episodio, Jesús reúne una multitud que lo recibe jubilosa a la entrada de la ciudad de Jerusalén (11.1–11); en el segundo, maldice la higuera sin fruto, por lo cual se seca (11.12–14, 20–26); y, en el tercero, expulsa del templo a los cambistas y mercaderes porque han convertido el lugar en un mercado (11.15–19). La trama de la expulsión de los mercaderes y cambistas del templo (11.15–19) está engastada en el episodio de la maldición de la higuera estéril (11.12–14, 20–26), la cual sustenta una ampliación de la enseñanza de Jesús acerca de la fe (11.22).

La secuencia de los tres episodios de demostraciones extraordinarias de autoridad, unificada por el tema del templo, se conecta hacia delante con una secuencia de siete episodios de enseñanza (12.1–12; 12.13–17; 18–27; 28–34; 35–37; 38–40; 41–44), por un episodio que registra una discusión entre Jesús y los principales ancianos, escribas y fariseos, en torno al tema de la autoridad de Jesús para echar fuera a los comerciantes y cambistas del templo (11.27–33). ¡Pareciera que la estructura de esta secuencia de diez episodios, unificados por el tema del templo, susurra que Jesús debía limpiar el templo antes de dedicarse a enseñar en este! Por otro lado, se encuentra aquí una paradoja sorprendente: ¡los llamados a cuidar que el templo fuese una casa de oración para todas las naciones habían autorizado que el templo se convirtiera en un centro comercial. Estaban más interesados en las ganancias de los impuestos del templo que en adorar a Dios. ¡Primero, hay que limpiar el templo, y una vez que el templo esté limpio, hay que enseñar en el templo acerca de Dios!

Los siguientes siete episodios, también unificados por el tema del templo, que se refieren al tema de la enseñanza de Jesús, arrancan con una fuerte acusación parabólica de Jesús a los principales sacerdotes, ancianos y escribas, por rechazar a los profetas enviados de Dios (12.1–12); la segunda enseñanza de esta secuencia aborda el tema del impuesto a César (12.13–17); la tercera se refiere a la cuestión de la resurrección de los muertos (12.18–27); la cuarta enseñanza tiene que ver con el gran mandamiento (12.28–34); la quinta se refiere a la cuestión acerca de quién es hijo el Cristo (12.35–37); la sexta es una advertencia de Jesús dirigida al pueblo a cuidarse de los escribas (12.38–40); y la séptima, el episodio de la breve enseñanza en torno a la ofrenda de la viuda (12.41–44).

A la secuencia de diez episodios, tres que se refieren al tema de las demostraciones de autoridad y siete que se refieren a una variedad de enseñanzas de Jesús, unificados por el tema del templo, le sigue un episodio que se refiere a la gran enseñanza de Jesús en el monte de los Olivos, frente al templo de Jerusalén, acerca de los tiempos finales (13.1–37), que conecta una secuencia de nueve episodios que bien puede ser llamada la secuencia de la pasión de Jesús, el Cristo (14.1–11, 12–25, 26–31, 32–42, 43–50, 51–65, 66–72; 15.1–20, 21–39).

En la secuencia de la pasión de Jesús se intensifica la tensión dramática del Evangelio, hasta producir un doloroso desgarrón. El primer episodio de la secuencia de la pasión se refiere a la unción de Jesús en Betania, como un evento preparatorio para su muerte (14.1–11); el segundo episodio dibuja la última cena pascual de Jesús con sus discípulos, con el matiz sombrío de la traición de uno de ellos (14.12–25); el tercer episodio anuncia tristemente la negación de Pedro (14.26–31); el cuarto nos muestra a Jesús ofreciendo una oración desesperada en Getsemaní (14.32–42); el quinto nos presenta el violento y amargo arresto de Jesús (4.43–50); en el sexto, Jesús aparece testificando ante el concilio de Jerusalén (14.53–65); en el séptimo encontramos el gran fracaso de Pedro cuando niega a Jesús (14.66–72); en el octavo, Jesús es sentenciado injustamente a muerte (15.1–20); y, en el noveno se contempla el acabose final de la crucifixión y muerte de Jesús (15.21–41).

La secuencia de la pasión se conecta con la secuencia de cuatro episodios unificados por el tema de la resurrección (16.1–7, 9–11, 12–13, 14–18). En el último episodio de esta secuencia de resurrección, Jesús resucitado se encuentra por última vez con sus discípulos en la región de Galilea, desde donde los envía a predicar el evangelio a todas las naciones.

En la situación inicial, Jesús llama a sus primeros discípulos para que lo sigan a fin de convertirlos en pescadores de hombres; en el desenlace, Jesús se encuentra con ellos para enviarlos a predicar el evangelio del reino al mundo, para que al escucharlos otros los sigan. Los discípulos de Jesús dejan de ser sus acompañantes y seguidores para convertirse al final en líderes que otros deben seguir.

Los personajes

Aunque Jesús continúa siendo el personaje dominante en el movimiento del desenlace, su poderosa figura comienza a eclipsar. Ingresa jubilosamente a la ciudad de Jerusalén como el Cristo (11.1–11); estando allí, realiza casi todas sus actividades en torno al templo y dentro de este: mira alrededor del templo (11.11); expulsa a los comerciantes y cambistas (11.15–19); acusa a los principales sacerdotes, a los escribas y los ancianos (11.27–21.1; 12.41–43); enseña a los fariseos (12.13–17), a los saduceos (12.18–27), a los escribas (12.28–34), al pueblo (12.35–37), y a los discípulos (12.41–43). Jesús también enseña a sus discípulos en el monte de los Olivos, frente al templo de Jerusalén (13.1–37).

Una vez que Jesús brilla con toda su gloria enseñando en el templo de Jerusalén, su brillo comienza a extinguirse. Jesús es ungido en Betania para enfrentarse a la experiencia de su propia muerte (14.1–9), es entregado por Judas y arrestado en Getsemaní (14.32–50), Pedro le niega (14.66–72), es condenado a la muerte (15.1–20), es asesinado en la cruz (15.21–41), y finalmente es sepultado (15.42–47). Jesús muere en la cruz a causa de sus enseñanzas en Galilea, en los lugares vecinos de Galilea, de camino a Jerusalén y en el templo. El personaje de Jesús sufre un gran cambio del inicio al final del movimiento del desenlace. En el inicio del movimiento de desenlace aparece como el Cristo que se hace presente en la ciudad de Jerusalén para hacerse del trono de David, para restaurar el reino de Israel. Inesperadamente, esto no sucede como sus discípulos esperaban. Jesús se hace presente en Jerusalén, no para gobernar sino para enseñar en el templo. Es desde la plataforma de la enseñanza que Jesús quiere restaurar el reino de Israel. Y es a causa de esta enseñanza transformadora que Jesús siempre es una amenaza y un peligro para los líderes de Jerusalén. Finalmente, Jesús es humillado en la muerte de la cruz.

Los discípulos acompañan a Jesús a la ciudad de Jerusalén y al templo como sus ayudantes, realizando una variedad de funciones: hacen los preparativos para la entrada jubilosa de Jesús a la ciudad de Jerusalén (11.1–11); son testigos de la maldición que Jesús impone sobre la higuera sin fruto (11.12–14; 20–26), de la purificación del templo (11.15–19), y de todas las enseñanzas de Jesús en el templo. Judas decide entregar a Jesús (14.10–11). Los discípulos comen la cena pascual con Jesús (14.12–25); no pueden velar siquiera una hora mientras Jesús está orando en Getsemaní (14.32–42); uno de ellos utiliza su espada cuando Jesús es arrestado (14.43–50); todos los discípulos abandonan a Jesús (14.50); Pedro niega a Jesús (14.66–72); en la hora de su muerte, sólo unas cuantas mujeres miran de lejos (15.40–41). Finalmente, los discípulos miran a Jesús resucitado, quien los envía a predicar el evangelio por todo el mundo (16.1–18). Los discípulos experimentan la gloria de Jesús mientras enseña en el templo, le acompañan en la hora de la pasión, luego lo abandonan en el monte de los Olivos, y al final se reencuentran con él. Lo vuelven a ver y a escuchar, ya resucitado.

El personaje colectivo, que constituyen los principales sacerdotes, escribas y ancianos de Jerusalén, es el gran antagonista de Jesús en el relato del desenlace. Toman la decisión de destruir a Jesús en el movimiento del nudo (3.6), y como contraparte de este, concretizan esa decisión, aunque aparentemente, en el movimiento de desenlace (14.1–2, 10–11; 15.6–41).

Los principales sacerdotes, escribas y ancianos siempre se oponen a Jesús: cuestionan su autoridad para expulsar a los comerciantes y cambistas del templo (11.27–33), son acusados por Jesús (12.1–11), procuraban aprehenderlo (12.12), ponen a prueba a Jesús al preguntarle si es lícito pagar el impuesto a César (12.13–17), le preguntan a Jesús acerca de la resurrección (12.18–27) y el gran mandamiento (12.28–34). Deciden luego no hacer más preguntas (12.34), prometen darle dinero a Judas si traiciona a Jesús (14.10–11), acusan fuertemente a Jesús ante el concilio (14.53–65), lo cual precipita la condenación injusta (15.6–20) y su muerte (15.21–41).

El pueblo es un personaje colectivo volátil e inestable. Es un pueblo que no tiene sólidas convicciones y que es muy fácil de penetrar ideológicamente. El pueblo tiene un ánimo colectivo que cambia de un momento a otro, con las circunstancias. Cuando Jesús entra a Jerusalén, el pueblo lo recibe con alegría y con grandes alabanzas (11.1–11), luego se queda en un prolongado silencio. Mientras Jesús realiza su misión pedagógica en el templo de Jerusalén, el pueblo no hace ni dice nada. El pueblo sigue el ritmo normal de la vida, sin despeinarse, esperando ver a favor de quién se levantan las olas. El pueblo aparece de nuevo siendo enseñado por Jesús en el templo (12.35–40). Luego, el pueblo le da la espalda a Jesús para vitorear a Barrabás, un líder revoltoso (15.6–20). El pueblo firma la sentencia de muerte de Jesús con su voz. El pueblo que le da la alegre bienvenida a Jesús, es el mismo que condena a Jesús a muerte. ¡Qué gran tragedia! ¡Qué ingratitud!

La enseñanza de Jesús

En el movimiento de la situación inicial de la trama narrativa del Evangelio de Marcos (1.4–20), nadie llama a Jesús maestro, ni le reconoce como tal; sin embargo, comienza a realizar actividades que corresponden a las de un maestro: se hace de un pequeño grupo de seguidores (1.16–20). En el movimiento del nudo o complicación, el cual corresponde al primer gran bloque de la enseñanza de Jesús

(1.21–3.20), nadie reconoce a Jesús como maestro y nadie le llama como tal; sin embargo, se dedica a enseñar en el camino (1.40–45), en la casa de los discípulos (2.1–12), en la casa de Leví (2.13–22), y pasando por un sembrado de camino a una sinagoga (2.23–3.6). En el movimiento del dinamismo del cambio, que es el tercer movimiento de la narrativa de Marcos en código pedagógico, movimiento en que se desarrolla el segundo bloque de la enseñanza de Jesús (3.20–10.52), los discípulos y la gente comienzan a llamar a Jesús maestro, y comienzan a reconocerlo como tal (4.3; 5.35; 9.5, 17, 38; 10.17, 20, 35, 51). Sin embargo, los principales sacerdotes, ancianos y escribas no reconocen a Jesús como maestro ni le llaman como tal.

En el movimiento del desenlace, que corresponde al tercer y último bloque de la enseñanza de Jesús en la narrativa de Marcos, Pedro llama *maestro* a Jesús en el episodio de la maldición de la higuera estéril, en el que Jesús también enseña a sus discípulos, en los alrededores del templo, acerca de la importancia de orar y perdonar (11.20–26); los fariseos y herodianos llaman *maestro* a Jesús en el templo, cuando le plantean la cuestión del pago de los impuestos (12.13–17); los saduceos también lo hacen cuando le preguntan sobre la resurrección de los muertos (12.18–27); también los escribas, cuando escuchan su enseñanza respecto al gran mandamiento (12.28–34); uno de sus discípulos llama *maestro* a Jesús frente al templo, en el monte de los Olivos, cuando le muestra admirado los edificios del gran templo de Jerusalén (13.1); finalmente, Judas entrega con un beso a Jesús en Getsemaní, en el monte de los Olivos, llamándole *maestro* (14.45). Después que Jesús es arrestado, nadie llama maestro a Jesús, ni le reconoce como tal; pero Pilato le pregunta si es el rey de los judíos (15.2), ¡Jesús es el Cristo que vino al mundo no tanto para ejercer una función monárquica-militar sino para enseñar! ¡Realizó su función como Cristo, el Hijo del bendito, ¡enseñando!

En el movimiento del desenlace, las enseñanzas de Jesús siguen siendo nuevas, no sólo por las conclusiones decisivas de cada uno de los temas del conocimiento que aborda, sino porque sigue sustentando todas sus enseñanzas en grandes demostraciones de autoridad (11.27–33). Todas las enseñanzas que Jesús imparte en el templo y alrededor de este, son apoyadas por dos grandes demostraciones de autoridad: primero, la expulsión de los mercaderes y cambistas (11.15–17);

y segundo, las acusaciones a los principales sacerdotes, escribas y ancianos (11.17b; 12.1–12).

En el movimiento del desenlace, también se alarga el hilo conductor de la enseñanza del reino de Dios como una realidad futura (12.18–27; 13.1–36; 14.62). La enseñanza práctica acerca de la fe, vinculada a la enseñanza del reino de Dios, es otro hilo conductor que se estira en el movimiento del desenlace, ya que Jesús anima nuevamente a sus discípulos a creer (11.20–26), aunque a ellos les cuesta creer aún en los episodios finales del Evangelio (16.11, 13, 14).

Jesús continúa enseñando por medio de parábolas (12.1–12). En todo el Evangelio Jesús se da a conocer como el maestro de las parábolas, pero también es el maestro de las preguntas. Hace preguntas para confrontar (12.13–17; 14.48), para presentar nuevos temas del conocimiento (12.24, 35), para defender a las personas de la crítica (14.6). También enseña ofreciendo ilustraciones con objetos reales (12.13–17) y realizando demostraciones (11.20–26), comunicando grandes discursos (13.5–37), dando instrucciones claras (14.13–15), haciendo advertencias (12.38–40) y haciendo afirmaciones (14.7, 18, 27; 14.62). Todas estas enseñanzas se inspiran en las diversas situaciones que Jesús vive. No carga una libreta de enseñanzas. Su enseñanza no está dirigida por el contenido. Su enseñanza es dinámica y creativa, en respuesta a situaciones y a cuestiones planteadas en la vida. La pedagogía de Jesús es una pedagogía de la vida. Jesús siempre está situado, muy consciente de sí mismo y de lo que hace, de dónde se encuentra y de quienes le rodean. Y, los recursos que lo mueven a crear nuevas enseñanzas y a transformar las viejas son las distintas situaciones que vive, siempre con su marca de terminar cada enseñanza con conclusiones definitivas.

La enseñanza acerca del templo (11.15–19)

Jesús llega acompañado de sus discípulos al templo de Jerusalén. Al hacerlo, Jesús ya sabe que el templo ha sido convertido en un mercado por los comerciantes y cambistas, con el consentimiento y autorización de los administradores del templo. Esto desagrada y enoja a Jesús. Entonces realiza una serie de acciones muy atrevidas y arriesgadas: echa fuera a los comerciantes, vuelca las mesas de los cambistas, y las sillas de los que venden palomas, y no deja que nadie lleve utensilio alguno. Todas estas acciones que Jesús realiza preparan el ambiente para su enseñanza acerca de lo que es el templo. Jesús plantea una pregunta retórica a los comerciantes y cambistas para enseñarles que el templo es la *casa* de Dios, la cual será llamada *casa de oración para todas las naciones,* al mismo tiempo que los encara por haberla convertido en *cueva de ladrones.* Al oír los escribas y los principales sacerdotes lo que Jesús había hecho, buscaban como matarle porque tenían miedo. Pero al llegar la noche, Jesús salió de la ciudad (11.15–19).

El templo es la casa de Dios, y casa de oración para todas las naciones. Sin embargo, el carácter del templo se corrompe cuando se convierte en casa del dinero y del comercio. Los comerciantes del templo no están interesados en servir y honrar a Dios. A ellos les interesa hacer negocios y ganar dinero en la casa de Dios. La triste paradoja es que los llamados a cuidar que la casa de Dios sea casa de oración para la humanidad consienten y autorizan los negocios, y las mesas de cambio en el templo. Así, los servidores y administradores del templo, corrompen su vocación.

La parábola de los malos labradores de la viña (12.1–12)

Jesús realiza una demostración extraordinaria de autoridad al expulsar a los comerciantes y cambistas del templo de Jerusalén (11.27–33). Esta acción, por cierto, es muy arriesgada y peligrosa. Jesús cuestiona indirectamente la autoridad de los líderes espirituales que son los primeros y últimos responsables de cuidar que el templo se use para la realización de las funciones sagradas señaladas por Dios. Los principales sacerdotes, los ancianos y los escribas de Jerusalén, sintiéndose amenazados y cuestionados por Jesús, le preguntan, *con qué autoridad haces estas cosas* (11.28). Jesús no se deja llevar por los hilos de ellos, y les cuestiona su rechazo de la enseñanza de Juan. Finalmente, Jesús no les responde (11.27–33). Sin embargo, se toma tiempo para confrontarlos por medio de la parábola de los malos labradores de la viña.

Por medio de esta parábola, Jesús confronta a los principales sacerdotes, escribas y ancianos de Jerusalén, haciéndoles saber que sus instituciones y ellos mismos tienen una historia horrorosa de pecado, porque han golpeado, marginado y asesinado a los mensajeros que Dios les ha enviado. Los principales sacerdotes del templo, los escribas y los ancianos ya no se comprenden como siervos de Dios, que le sirven en el templo. Se han adueñado del templo y creen que tienen derechos exclusivos sobre el espacio y los bienes de este. El templo es el gran negocio del que ellos se benefician. Por eso se sienten amenazados por lo que Jesús enseña y hace. Entonces optan por rechazar y acabar con Jesús, la principal piedra del ángulo del templo de Dios. Pero, al final, el Señor destruirá a los labradores malos y dará su viña a otros (12.1–12).

La cuestión de la legitimidad del impuesto (12.13–17)

Al episodio en que Jesús narra la parábola de los labradores malvados (12.1–12) a los principales sacerdotes, escribas y ancianos, le sigue el episodio en que unos fariseos y unos herodianos, motivados por el deseo de hacer caer a Jesús en algún error y acusarlo de algo, aparentan tenerle buena voluntad apelando a su autoridad como maestro que enseña con la verdad el camino de Dios. Entonces, le preguntan si es lícito dar *tributo a César* (12.14). Preguntando a los fariseos por qué le ponen a prueba con preguntas bien adornadas, pero mal intencionadas, Jesús les muestra una moneda con la inscripción de César para enseñarles que hay que dar a César lo que es de César y a Dios lo que es de Dios. Así, Jesús les enseña que es lícito dar el impuesto a César, sin dejar de dar lo que le corresponde a Dios. Al escuchar la respuesta de Jesús, los fariseos se maravillan.

La enseñanza sobre la resurrección (12.18–27)

Entonces se acercan a Jesús algunos saduceos, quienes apoyándose en le ley de Moisés (12.19), afirman el deber que tiene un hombre de casarse con la mujer de su hermano para dejar descendencia, si este hermano ha muerto sin dejar hijos. En la base de esta afirmación mosaica, los fariseos construyen una situación hipotética exagerada para hacerle a Jesús una pregunta acerca de la resurrección, que también tiene la intención de hacerlo caer en un error de juicio.

Los saduceos le preguntan de quién de entre siete hermanos será esposa una mujer en la resurrección, si uno por uno la tomaron por mujer, y uno por uno murieron sin dejar descendencia (12.20–23). Apoyándose en una pregunta, Jesús responde a los saduceos que están equivocados al preguntarle de cuál de los siete hermanos será la mujer en la resurrección, porque ignoran las Escrituras y el poder de Dios (2.24). Entonces Jesús les enseña a los saduceos que en la resurrección no habrá más casamientos porque los seres humanos serán como los ángeles de Dios; y que la resurrección, no será la experiencia de volver a la vida corporal de los que han muerto, ya que los que han muerto en Dios como Abraham, Isaac, y Jacob, siguen vivos. Porque Dios, dice Jesús, no es Dios de muertos sino de vivos. Al final de su respuesta a los saduceos, Jesús les vuelve a decir que se equivocan mucho (12.27).

La enseñanza de los dos grandes mandamientos (12.28–34)

Después de haber respondido a los fariseos y herodianos respecto a si es lícito tributar a César (12.13–17), un escriba se le acerca a Jesús para preguntarle cuál es el primer mandamiento de todos. Jesús le responde que el primer mandamiento de todos consiste en *amar a Dios con la totalidad del ser* (12.30). Además, le revela otro mandamiento grande como el primero. Este otro mandamiento es *amar al prójimo como a uno mismo*. Jesús pone en un plano de igualdad estos mandamientos al decir que no hay otro mayor que ellos. Entonces, es tan importante amar a Dios como amar al prójimo. Quién ama a Dios ama al prójimo y quien ama al prójimo ama a Dios. Además, Jesús le dice al escriba que delante de Dios tiene más valor amar al prójimo como a uno mismo que cualquier sacrificio y holocausto. El escriba evalúa bien la respuesta de Jesús, y le dice que ha respondido según la verdad. Entonces, Jesús le dice al escriba que no está lejos del reino de Dios. Desde entonces, nadie se atreve a preguntarle a Jesús nada.

No están lejos del reino de Dios quienes reconocen que deben amar al Señor con la intensidad y fuerza de la totalidad de su ser; y, quienes reconocen que deben amar a su prójimo como a ellos mismos. Sin embargo, reconocer la verdad de estos dos grandes mandamientos no es apropiarse de los mismos. Apropiarse de estos es vivir de acuerdo a ellos.

El Cristo no es hijo de David (12.35–40)

Los escribas de Jerusalén enseñan que el Cristo es hijo de David. Jesús cuestiona esta enseñanza en el templo de Jerusalén afirmando que David mismo, por el Espíritu, dice de Cristo: «Dijo el Señor a mi Señor:

siéntate a mi diestra, hasta que ponga tus enemigos por estrado de tus pies» (12.36; Sal 110.1). La conclusión lógica de Jesús es la siguiente: «David mismo le llama Señor; ¿cómo pues es su hijo?» (12.37). Con este razonamiento escritural, Jesús afirma: primero, la trascendencia divina del Cristo en relación a la figura humana de David; segundo, que David no es padre del Cristo sino su siervo. Cuando Jesús enseña estas cosas en el templo, la multitud del pueblo muestra tener una buena disposición para escuchar las enseñanzas de Jesús.

La instrucción a cuidarse de los escribas (12.38–40)

Después de enseñar a la multitud del pueblo que David es siervo del Cristo y no su padre, Jesús instruye a la multitud a cuidarse de los escribas, quienes buscan el reconocimiento y el honor de la gente. Lo más grave de los escribas es que se aprovechan de la condición vulnerable de las viudas para quitarles todo lo que tienen, haciendo largas oraciones como pretexto. Por el carácter falso de su liderazgo espiritual, Jesús afirma que el juicio de ellos será gravísimo, ya que recibirán mayor condenación.

La enseñanza de la ofrenda de la viuda pobre (12.41–43)

Al episodio de la instrucción a cuidarse de los escribas le sigue el episodio de la ofrenda de la viuda en el templo. En este episodio, Jesús aparece sentado delante del arca de la ofrenda, observando cómo la gente echa dinero en el arca. Observa cómo muchos ricos echan mucho dinero en el arca. Sin embargo, una viuda pobre se acerca al arca y echa dos blancas, o sea un cuadrante. A Jesús no le llama la atención que los ricos echan mucho dinero en el arca. Pero sí le llama la atención que la viuda pobre echara dos blancas. Y llamando a sus discípulos, les enseña que la viuda pobre ha echado más que todos, incluso más que los ricos, porque todos han echado de lo que les sobraba; pero que la viuda pobre, de su pobreza ha echado todo lo que tenía para vivir. La viuda pobre ha mostrado con su ofrenda tener más amor por Dios y por la obra de Dios, que cualquier otra persona.

La enseñanza de la ofrenda de la viuda pobre cierra la secuencia de enseñanzas de Jesús en la ciudad de Jerusalén, unificadas por el tema del templo. Jesús no volverá a enseñar en el templo. Y, regresará a este sólo para ser acusado formalmente por los principales sacerdotes como blasfemo (14.62–65).

La enseñanza de las señales antes del fin (13.1–37)

Después de enseñar acerca de la ofrenda de la viuda pobre (12.41–44), Jesús sale del templo con sus discípulos, y ante la admiración de ellos por los edificios del templo, les hace saber, a partir de una pregunta retórica, que las piedras del templo serán derribadas (13.1–2). Entonces Pedro, Jacobo, Juan y Andrés le preguntan a Jesús acerca de *cuándo* será el derribamiento de las piedras del templo, y qué *señal* habrá del cumplimiento de todas estas cosas (13.3–4). Los discípulos quieren saber el *tiempo* en que sucederá el derribamiento del templo y la *señal* que lo anunciará.

Jesús inicia su enseñanza advirtiendo a sus discípulos a no dejarse engañar por los falsos cristos que vendrán en su nombre diciendo *yo soy*, y que engañarán a muchos (13.6). A partir de esta advertencia, Jesús construye su enseñanza[56] de las señales antes del fin, compartiendo una visión escatológica estructurada en cuatro grandes tiempos: el tiempo de los principios de dolores (13.7–14), el tiempo de la gran tribulación (13.14–23), el tiempo de las grandes señales del fin (13.24–25), y el tiempo del fin (7.26–37).

Jesús ofrece a sus discípulos una descripción general de un primer gran momento que deben experimentar ellos y todo Israel antes de la llegada del tiempo del fin. Jesús caracteriza este primer gran momento como *principio de dolores* (4.7–12), en el que suceden simultáneamente guerras y rumores de guerra; terremotos, hambres y alborotos en muchos lugares; persecución contra los discípulos de Jesucristo de parte de los líderes políticos y religiosos, la cual será utilizada por los discípulos para testificar a estos líderes; predicación del evangelio a todas las naciones; y que todos aborrecerán a los discípulos por causa de su nombre. Les dice que todos estos acontecimientos son *principio*

---

[56] Esta enseñanza de Jesús acerca del tiempo del derribamiento de los edificios del templo y de las señales del mismo, es comunicada en lenguaje apocalíptico, que se caracteriza por un lenguaje altamente simbólico. Un interpretación más profunda y amplia de esta enseñanza, entonces, debe realizarse tomando en cuenta los criterios propios del género literario apocalíptico, lo cual rebasa el interés particular del autor del presente análisis crítico-narrativo del Evangelio de Marcos en perspectiva pedagógica.

de dolores, pero también que el que persevere hasta el fin será salvo. Esta enseñanza apocalíptica sugiere que los edificios del templo de Jerusalén serán derribados en el tiempo del fin y no en el tiempo de los principios de dolores.

Luego, Jesús describe apocalípticamente a sus discípulos un segundo gran momento de su visión escatológica (13.14–23). Caracteriza este segundo gran momento escatológico como la tribulación (13.19) que sufrirán los discípulos, que viven en Judea, cuando vean la abominación desoladora donde no debe estar, por lo cual tendrán que huir a los montes; no deberán entrar a sus casas para tomar algo; los que están en el campo no deben regresar a tomar sus capas; se levantarán falsos cristos y falsos profetas para engañar aún a los escogidos de Dios. Pero el Señor les dice que estén atentos porque han sido advertidos (13.23), y los manda a orar para que la huida de ellos y de los habitantes de Judea no sea en invierno (13.18). La enseñanza escatológica de Jesús señala que la *tribulación*, aunque supone un tiempo de gran desesperación para los discípulos y los habitantes de Judea, porque serán perseguidos hasta la muerte, no es el tiempo del fin.

Después de la tribulación, vendrá un tercer gran momento escatológico marcado por grandes señales cosmológicas: «...el sol se oscurecerá, la luna no dará su resplandor, las estrellas caerán del cielo, y las potencias de los cielos serán conmovidas...». Este tercer gran momento escatológico es el tiempo de las señales. No se trata del tiempo del fin todavía, pero presenta el tiempo del fin.

Una vez que pase el tiempo de las grandes señales en el cielo, vendrá el tiempo del fin, el cual empieza con la venida del Hijo del Hombre en las nubes con gran poder y gloria, quien enviará sus mensajeros a juntar a sus escogidos desde todas las naciones del mundo. La venida del Hijo del Hombre es el principio del tiempo del fin.

Al final de la enseñanza de la visión escatológica de Jesús, estructurada en cuatro grandes momentos, Jesús anima a sus discípulos a estar atentos a todo lo que les ha enseñado, porque su generación no pasará sin que todo lo descrito acontezca. Jesús también les enseña que nadie sabe ni el día ni la hora en que sucederán estos grandes eventos, aunque les hace saber que los mismos comenzarán a desarrollarse repentinamente, cuando ellos menos lo esperen. Por esta razón, además, Jesús envía a sus discípulos a orar y a mantenerse vigilantes.

Esta enseñanza escatológica de los tiempos del fin es motivada por las preguntas que le hacen los discípulos a Jesús acerca del tiempo del derribamiento del templo, y por las señales de ese tiempo. El lector se imagina que Jesús responderá a esas preguntas a lo largo de su enseñanza escatológica a sus discípulos. Pero a lo largo de esta enseñanza, no hay una sola referencia a la destrucción del templo. Parece ser que las cuestiones que interesan a los discípulos acerca del templo, no son asuntos que son del interés de Jesús. Mientras los discípulos están preocupados por el derribamiento del templo, Jesús está más interesado en enseñarles el camino que les llevará al tiempo del fin.

La secuencia de la pasión (14.1–15.41)

A la secuencia de enseñanzas de Jesús en el templo y sus alrededores (11.12–13.37) le sigue la secuencia de la pasión. El efecto de esta secuencia sobre los discípulos es la consecuencia de toda la ruta de enseñanza de Jesús, desde Galilea hasta el templo de Jerusalén.

La secuencia de la pasión de Jesús comienza con un sumario que describe el esfuerzo y la astucia de los principales sacerdotes y los escribas para capturar y matar a Jesús (14.1–2). El complot de los principales sacerdotes, los escribas y los ancianos contra Jesús es otro hilo de color, que cruza a lo largo de todo el tejido del Evangelio, intensificándose en sus últimos capítulos (3.6; 11.18, 19; 12.12; 14.1, 2).

Al sumario que describe la búsqueda de los principales sacerdotes y escribas para matar a Jesús (14.1, 2), le sigue el episodio del ungimiento de Jesús en Betania (14.3–9); luego, el episodio de la visita de Judas a los principales sacerdotes para entregar a Jesús (14.10–11); después, el episodio de la comida del cordero de la pascua (14.12–25); luego, el episodio del anuncio de la negación de Pedro (14.26–31); entonces, el episodio de la oración de Jesús en Getsemaní (14.32–42); al cual siguen, en este orden, el episodio del arresto de Jesús (14.43–50), su juicio (14.53–65), la negación de Pedro (14.66–72), la condenación de Jesús a muerte (15.1–19); y su crucifixión y muerte (15.21–41). A esta secuencia de la pasión, le sigue la secuencia de la resurrección de Jesús (15.42–16.18).

La secuencia de la pasión tiene lugar en Jerusalén y sus alrededores; en Betania (14.3–9), en un aposento alto en la ciudad de Jerusalén

(14.12–25); en Getsemaní, en el monte de los Olivos (14.26–31; 32–50). en el templo de Jerusalén (14.53–72), en el palacio de Pilato (15.1–20); y en el Gólgota (15.21–41). La aflicción de Jesús comienza con su ungimiento en Betania y termina con su crucifixión en el monte de la calavera con su muerte en la cruz. En esta ruta de aflicción de Jesús, tres de sus discípulos íntimos no pueden vigilar ni siquiera una hora, mientras Jesús se dedica a la oración (14.37–38), Judas lo entrega con un beso (14.44), y después de haberle prometido fidelidad hasta la muerte (14.31), todos los discípulos lo abandonan (14.50). El único que sigue a Jesús a escondidas es un jovencito que luego huye desnudo (14.51–52). Los discípulos siguen colaborando con Jesús (11.1–4; 14.12–15), le acompañan a todas partes (11.1, 15, 20, 27; 13.1; 14.12–15, 32–42) tienen buenos deseos e intenciones (14.31), pero siempre quedan mal parados (14.37, 45–50, 51, 66–72). El choque con la realidad hace ver las grandes debilidades e inconsistencias de sus discípulos. Pero Jesús no por eso los desecha; sigue creyendo en ellos y apostando por ellos. Por otro lado, los principales sacerdotes, los escribas y los ancianos de Jerusalén, consuman su proyecto de destruir a Jesús (14.1–2, 10–11, 43–50, 53–65; 15.1–20). Finalmente, el mismo pueblo que le dio a Jesús la bienvenida con honores a la ciudad de Jerusalén (11.1–11), es el que reclama a gritos su muerte (15.13–14).

En la secuencia de la pasión, sólo Judas llama a Jesús maestro, cuando le entrega con un beso (14.45). Sin embargo, Pilato intenta reconocer a Jesús como rey (15.2); los soldados romanos irónicamente le llaman rey (15.16–20, 15.26); y, cuando Jesús muere, el centurión romano que está frente a Él en la cruz dice: verdaderamente este hombre era Hijo de Dios (15.39). Pero el título que Jesús prefiere para comprenderse a sí mismo en el Evangelio es el de Hijo del Hombre (2.10; 2.28; 8.31; 9.9, 12, 31; 10.33, 45; 13.26; 14.21, 62). Marcos dice a sus lectores que Jesús es el Hijo del Hombre y el Cristo, que tiene en la enseñanza del reino su tarea misional central. La misión del Hijo del Hombre y de Cristo es la misión de enseñar.

¿Qué enseña Jesús en la secuencia de la pasión? Su amor por los más necesitados, a quienes se entrega permitiendo que le sirvan, aunque esto implique un costo financiero para ellos (14.3–9). Enseña a sus discípulos que anticipa su muerte como el nuevo pacto de Dios con ellos, por medio del fruto de la vid, símbolo de su sangre derramada en la cruz; enseñándoles que no beberá del fruto de la vid hasta que lo beba de nuevo en el reino de Dios, e indicándoles que el reino de Dios es también una realidad futura (14.23–25). Jesús enseña a sus discípulos, más con sus acciones que con sus palabras, que hay que ser fieles al llamado hasta las últimas consecuencias.

La secuencia de la resurrección (15.42–16.18)

Marcos conecta, hacia delante, la secuencia de la pasión (14.1–9, 10–11, 12–25; 26–31; 32–42; 43–50; 51–52; 53–65; 66–72; 15.1–20, 21–41) a la secuencia de la resurrección (16.1–8, 9–11, 12–13, 14–18), por medio del episodio de la sepultura de Jesús (15.42–47).

En el episodio de la sepultura de Jesús, los aplausos se los lleva José de Arimatea, uno de los ancianos honorables del concilio y quien esperaba el reino de Dios. José de Arimatea no hizo nada, ni dijo nada a favor de Jesús cuando este fue acusado de blasfemia por el sumo sacerdote en el concilio. José de Arimatea se comportó en el juicio de Jesús como un cobarde que no ve la injusticia, ni dice nada contra la injusticia. Sin embargo, al morir Jesús hay un cambio drástico en la actuación de este personaje. El cobarde José de Arimatea asume con coraje la acción de reclamar a Pilato el cadáver de Jesús para sepultarlo con algo de dignidad. El episodio termina con dos mujeres que miran dónde Jesús es sepultado (15.42–47).

En el primer episodio de la secuencia de la resurrección, María Magdalena, María la madre de Jacobo, y Salomé, son las grandes protagonistas. Ellas saben dónde está sepultado el cadáver de Jesús y se preparan para ungirle con especies aromáticas. Cuando van de camino al sepulcro, sólo les preocupa cómo mover la gran piedra de la entrada del sepulcro. Se llevan una gran sorpresa cuando encuentran que la piedra ha sido removida del sepulcro, y se espantan cuando entran a este y encuentran a un joven de vestiduras blancas, sentado al lado derecho. Ingresaron al sepulcro esperando encontrar el cadáver de Jesús, pero encuentran a un joven vivo con largas vestiduras blancas, sentado como si nada hubiese pasado. Ese joven aparece en el relato solo para decirles que Jesús nazareno, el que fue crucificado, ha resucitado. El joven también pide a las mujeres que avisen a los discípulos que Jesús resucitado va delante de ellos a Galilea, como se los había dicho. Las mujeres salieron del sepulcro huyendo llenas de miedo, pero se quedaron en silencio. El miedo hizo que se quedaran calladas (16.1–8).

En los siguientes tres episodios de la resurrección, Jesús resucitado se aparece primero a María Magdalena (16.9–11), después se aparece de otra forma a dos que iban de camino a Emaús (16.12–13), y finalmente se aparece a los mismos once que lo habían seguido desde el principio, excepto Judas (16.14–18). Estos tres episodios son unificados por el tema de las apariciones de Jesús y por el tema de la incredulidad de los discípulos. Cuando María Magdalena informó a los discípulos que Jesús estaba vivo y que ella lo había visto, no lo creyeron (9.11); cuando los dos a quienes se apareció Jesús en el camino le hicieron saber a los discípulos que Jesús estaba vivo y que lo habían visto, ni aún a ellos creyeron (16.12–13). Es tan grande la tristeza y decepción que los discípulos sufren a causa de la muerte de Jesús, sus corazones están tan cargados de rabia, que son incapaces de creer. Se ahogan en un mar de lágrimas por la dramática muerte de Jesús, pero también porque todos se sienten culpables de haberlo abandonado en la hora crucial. Cuando al final Jesús se aparece a los once, les regaña por su incredulidad y dureza de corazón, porque no habían creído a quienes le habían visto resucitado. Todavía no habían aprendido a creer como se debe. Todavía creían como la gran mayoría de judíos, necesitaban ver para creer. Pero aun así, el Maestro resucitado no cambias sus planes con ellos.

Entonces, Jesús les da su última instrucción. Les envía a ir por todo el mundo a predicar el evangelio a toda criatura. En esta instrucción de envío, Jesús los manda a salir de Jerusalén, a caminar por el mundo. Los discípulos no pueden hacer la misión que el resucitado les encomienda sin salir y sin caminar. Además, el resucitado les hace ver que la gente de las naciones responderá a su predicación creyendo o no creyendo. También les dice que si creen y son bautizados serán salvos; y los que no creen serán condenados.

Finalmente, Jesús resucitado promete a sus once discípulos y a todos los que creen que en su nombre expulsarán demonios, hablaran un lenguaje extraño, las serpientes les van a morder, y si bebieren alguna bebida venenosa, no les hará daño; sobre los enfermos pondrán sus manos y sanarán (16.12–18). En resumen, su predicación al igual que la predicación de Jesús, tendrá el sello divino de las demostraciones extraordinarias de poder.

En el movimiento del desenlace, que corresponde al tercer gran bloque de la enseñanza de Jesús, desaparece la tensión narrativa del Evangelio en clave pedagógica porque desaparece el factor que desencadena esta tensión en el movimiento del nudo: Jesús ha terminado de enseñar a la gente y a sus discípulos. Desaparece la nueva enseñanza de Jesús. Una vez que ha terminado de enseñar, comienza a caminar la ruta de la aflicción que lo lleva a la cruz. Por otro lado, desaparece también la tensión emocional entre Jesús y sus adversarios que tienen en sus manos el poder político y religioso de Jerusalén. En todo el Evangelio hay una fuerte tensión entre Jesús y ellos, tensión que se vuelve más profunda e intensa mientras progresa el relato. La tensión emocional entre Jesús y sus adversarios desaparece cuando Jesús muere en la cruz. Ya los religiosos y políticos de Jerusalén no tienen a quién acechar, a quién perseguir; su gran amenaza ha llegado a su fin. Sin embargo, el desenlace genera algunos efectos transformadores: el centurión reconoce que Jesús es el Hijo de Dios; los discípulos le abandonan en la hora crucial y se ahogan en lágrimas de culpabilidad; las mujeres se atreven a acompañarlo hasta la muerte y un poquito más allá, y son testigos de la resurrección; José de Arimatea, miembro del concilio de Jerusalén, aunque tarde, aparece valeroso al final alineándose con la causa de Jesús.

Capítulo 6

La situación final del Evangelio (16.19–20)

La situación final es el quinto y último movimiento de una trama narrativa. Después de todo, la situación final describe el estado final de los grandes protagonistas del relato, después de haber experimentado el dinamismo de transformación y los efectos de este en las secuencias que configuran el movimiento del desenlace. El gran protagonista del Evangelio de Marcos es Jesús de Nazaret, quien estando en su condición de resucitado en la tierra es recibido en el cielo y asume la posición de máxima autoridad al lado de Dios. Esta es la gran transformación que experimenta Jesús de Nazaret en el paso del movimiento del desenlace a la situación final.

Los discípulos son el personaje colectivo más importante del Evangelio aunque siempre subordinados a la figura de Jesús. A los discípulos les cuesta creer, siendo esta falta de fe la mayor limitación que tienen que superar con la ayuda de Jesús. Ellos solos no pueden superar esta limitación. Jesús interviene en el desenlace para ayudarles a creer. Sin fe ellos no pueden realizar su misión de predicar el evangelio en el mundo. En la situación final los discípulos experimentan un gran cambio. Dejan de llorar y de estar tristes, y salen a predicar. A lo largo del Evangelio, los discípulos acompañan a Jesús mientras predica, y también le ayudan. En la situación final, los discípulos predican en todas partes y Jesús les acompaña. Jesús ha logrado concretizar su gran visión pedagógica, ha convertido a los humildes pescadores galileos, por quienes nadie daba ni cinco centavos, en pescadores de hombres, en líderes del reino y para el reino de Dios.

Conclusión

Según el Evangelio de Marcos, Jesús nunca escribió algo que pudiera llamarse una teoría pedagógica, una teoría de la enseñanza. Sin embargo, Él sabía enseñar. Conocía la enseñanza de los escribas, la cual tenía su base en la tradición y como propósito mantener el orden establecido mediante la reproducción del conocimiento. A diferencia de esta enseñanza, Jesús desarrolló una que tenía su base en una profunda y correcta interpretación de la Escritura, puesta en diálogo permanente con la experiencia de la realidad humana, y con el propósito de establecer para todos el nuevo orden de justicia del reino de Dios. Esto Jesús lo lograría mediante la producción de un conocimiento nuevo. Sabía qué enseñar, cómo enseñar y para qué enseñar.

A manera de conclusión del presente análisis crítico-narrativo de la pedagogía de Jesús en el Evangelio de Marcos, se responderá a las cuestiones teológicas y pedagógicas que lo orientaron.

La estrategia de Marcos para presentar a Jesús como maestro

La estrategia que Marcos sigue para presentar a Jesús como maestro está vinculada inevitablemente a su estrategia para presentarlo como Cristo. Para presentar a Jesús como Cristo e Hijo de Dios, Marcos desarrolla la estrategia del secreto mesiánico, que consiste en sembrar repetidamente a lo largo del Evangelio una orden de Jesús, a los diferentes personajes que le conocen, a guardar silencio para que no hagan pública su identidad mesiánica (1.25, 34; 1.44; 3.11–12; 5.43; 7.36; 8.26, 30). Marcos también despierta la expectativa de sus lectores por conocer quién es Jesús por medio de una pregunta que es motivo de discusión y asombro entre sus discípulos: ¿Quién es este que aún el viento y el mar le obedecen? (4.41).

Este secreto es revelado primero a los discípulos de Jesús, en boca de Pedro, a quienes también Jesús les ordena no decir a nadie que Él es el Cristo (8.27–30). Después, el secreto mesiánico se revela públicamente de la manera más inesperada cuando el ciego Bartimeo grita varias veces que Jesús es el Hijo de David (10.46–52). Bartimeo es ciego pero sabe el secreto. Todos los demás ven, pero no saben el secreto. ¡Qué gran ironía! Después, las multitudes lo reciben como el Cristo en Jerusalén (11.1–11); Jesús enseña en el templo acerca de la naturaleza de Cristo (12.35–38); Jesús reconoce que es el Cristo ante el concilio de Jerusalén que lo acusa de blasfemia (14.53–65); y, finalmente, el centurión romano confiesa al pie de la cruz: verdaderamente este hombre era Hijo de Dios.

Marcos sigue la estrategia del secreto mesiánico para decirle a sus lectores de una manera contundente que Jesús es el Cristo; y, vinculada a esta estrategia, también sigue la estrategia de mantener en secreto al principio la función de Cristo como maestro, para ir descubriendo poco a poco que Jesús el Cristo, sobre todas las cosas es maestro.

Al principio del Evangelio nadie llama a Jesús maestro ni le reconoce como tal. Sin embargo, comienza a realizar las actividades que corresponden a un maestro (1.17; 1.21–28; 2.13–17; 2.18–28; 3.20–35; 4.1–32). El primero en llamar a Jesús maestro es uno de sus discípulos, quien desesperado le pide ayuda en la tormenta para que salve a todos los discípulos (4.38). El segundo que llama a Jesús maestro y que se refiere a Jesús como maestro, es alguien vinculado a Jairo (5.35); el tercer personaje que llama a Jesús maestro es un hombre que tiene un hijo mudo (9.17). A partir de ese momento, Jesús es reconocido y llamado maestro en la narrativa por sus diferentes personajes: el joven rico que desea saber cómo heredar la vida eterna llama maestro a Jesús en dos ocasiones (10.17–31); Jacobo y Juan también llaman a Jesús maestro, y le piden gobernar con él (10.35); y Pedro le llama maestro en el episodio de la maldición de la higuera estéril (11.21). Al final, hasta los escribas le reconocen como maestro y le llaman como tal (12.14, 19, 32); los discípulos siguen reconociéndolo como maestro cuando les enseña sobre las señales del fin (13.1); Judas entrega a Jesús dándole un beso y llamándole maestro en dos ocasiones (14.45).

En el Evangelio de Marcos se presenta a Jesús como un predicador del reino, y se sugieren sus jornadas de predicación. Pero no se encuentra ninguna predicación en estas jornadas. Pero sí se encuentran algunas instrucciones y dichos didácticos, y sus grandes enseñanzas. Marcos mantiene en su narrativa el secreto de que Jesús es el Cristo, es maestro y progresivamente lo va descubriendo hasta el final.

Los grandes temas de la enseñanza según el Evangelio de Marcos

La enseñanza de Jesús, en el Evangelio de Marcos, se refiere a los temas del conocimiento que Jesús comunica a sus discípulos y a sus demás oyentes; y, a la forma particular en que Jesús realiza la acción de enseñar. El reino de Dios y la fe son los temas centrales del conocimiento que Jesús comparte con sus discípulos y con la gente. Y, vinculados a estos, Jesús enseña otros temas del conocimiento.

Enseña acerca del reino de Dios como un reino cualitativamente distinto a los reinos humanos. Enseña que el reino de Dios se ha acercado a los hombres y que exige de ellos un cambio de vida. Se requiere un cambio de vida para entender el reino y participar en él. Este reino es una realidad misteriosa porque no se puede ver, sin embargo, es una realidad inmediata y accesible a los que cambian de vida y creen en el evangelio. Están en el reino los que tienen la disposición de seguir a Jesús y se quedan con Él para escuchar sus enseñanzas cuando todos se han ido. El reino de Dios tiene un inicio humilde en el mundo, pero crece hasta convertirse en una realidad muy grande y muy potente, en la que pueden encontrar sustento y descanso los creyentes. El reino de Dios, aunque es una realidad misteriosa inmediata, también es una realidad que tendrá su plena realización en el futuro, al final de los tiempos, convirtiendo a este mundo en una nueva realidad completamente transformada. En torno a la enseñanza del reino de Dios, Jesús enseña sobre la blasfemia contra el Espíritu Santo, su nueva familia espiritual, el perdón, una nueva espiritualidad basada en una nueva comprensión del ayuno y del día reposo y otros temas.

Jesús también enseña sobre la fe. Pero a diferencia de la enseñanza del reino de Dios y sus temas relacionados, que son enseñanzas altamente teóricas y especulativas, Jesús enseña la fe de un modo más práctico. Jesús no pronuncia ningún discurso acerca de la fe, ni elabora ningún concepto acerca de ella. Pero sí comparte con sus discípulos y con la gente algunos dichos importantes acerca de la fe, que se desprenden de sus demostraciones extraordinarias de autoridad, que al mismo tiempo son demostraciones de fe. La fe hace posible que la gente sea sanada. Las demostraciones de fe tienen como propósito ayudar a la gente a comprender algunas verdades del reino que de otra manera no pueden comprender. En la ciudad de Nazaret la gente no cree y menosprecia a Jesús, por eso Jesús no realiza ningún milagro allí. Vinculado a la enseñanza práctica de la fe, Jesús enseña el temor y la falta de comprensión como subproductos de la incredulidad. La propia incredulidad es el obstáculo más grande que tienen sus discípulos para llegar a ser pescadores de hombres. Además, vinculado al tema de la fe, Jesús enseña la compasión como el efecto movilizador de su enseñanza y de sus demostraciones extraordinarias de autoridad.

El modo en que Jesús enseña

Jesús tiene un modo muy particular de realizar la acción de enseñar. Enseña con autoridad y no como los escribas. Son las demostraciones extraordinarias de autoridad las que hacen que la enseñanza de Jesús sea nueva. Las demostraciones de autoridad sustentan las enseñanzas de Jesús y le dan el carácter de enseñanza divina. El tema de la autoridad de Jesús es otro hilo temático que entrecruza el Evangelio hasta el final. Por medio de las demostraciones de autoridad, que son demostraciones de fe, los discípulos y la gente llegan a creer. Las demostraciones de autoridad no se circunscriben a la expulsión de los espíritus inmundos y a las sanidades. También demuestra su autoridad sobre los fenómenos de la naturaleza purificando el templo y acusando a los escribas, a los principales sacerdotes y a los ancianos.

Además de sustentar su enseñanza con grandes demostraciones de autoridad, Jesús utiliza de una manera creativa una variedad de recursos retóricos. Transmite las grandes verdades de sus discursos por medio de parábolas, metáforas y analogías. Utiliza realidades que la gente conoce para transmitir por vía de la comparación las grandes verdades de su enseñanza. Cuando su enseñanza tiene que ver con el fin de los tiempos sus discursos están cargados de un tesoro de símbolos apocalípticos. A veces presenta sus enseñanzas con aforismos bien sugestivos, breves sumarios de la gran verdad que va a comunicar, los cuales captan el interés de sus oyentes, o plantea cuestiones que estimulan a sus oyentes a pensar y a participar activamente en sus enseñanzas. Como buen intérprete de la Escritura, con mucha frecuencia interpreta una situación real de la vida presente a la luz de las grandes verdades del Antiguo Testamento. Más que usar la Escritura para repetir lo que se ha dicho, la usa para dar a las situaciones reales de la vida un nuevo sentido y significado.

El propósito de la enseñanza de Jesús

Jesús enseña a toda clase de audiencias. Y para las diferentes audiencias enseña con un propósito en mente. A los discípulos Jesús les enseña el reino de Dios, la fe, y todos los demás temas del conocimiento para que lleguen a ser líderes del reino de Dios y para el reino de Dios. Y, por medio de ellos, Jesús quiere llevar el evangelio del reino a todas las naciones. Jesús desea que sus discípulos sean líderes catalizadores del cambio del orden establecido del mundo. Jesús quiere un nuevo orden humano en que no hayan señores. Sí, quiere un orden en que todos se sirvan humildemente unos a otros. Jesús enseña a sus discípulos para que, en su ausencia, otras personas quieran estar con ellos y seguirlos. Jesús enseña a sus discípulos para que otros los sigan.

Jesús enseña constantemente a los escribas, principales sacerdotes y a los ancianos, que están muy lejos de Dios y de hacer la voluntad de Dios. Ellos se han adueñado del sistema político y religioso de Jerusalén para su propio beneficio. A ellos Jesús les enseña para que estén conscientes de su propia maldad, ignorancia, injusticia, codicia e hipocresía. Jesús les enseña a ellos para acusarlos del mal que cada día hacen.

Jesús está enseñando constantemente al pueblo para que tenga ánimo y esperanza. Jesús se entrega sin reserva alguna al pueblo en sus largas jornadas de enseñanza y servicio. Jesús enseña al pueblo, pero también le da de comer pan. Jesús se detiene en el camino para atender a algunos oyentes muy especiales de su enseñanza. Jesús se detiene para escuchar y atender al pescador, al cobrador de impuestos, al leproso, al paralítico, a la mujer de dudosa reputación, al padre que clama desesperado por su hija o hijo, al hombre de la mano seca, a la mujer extranjera que se ha quedado sin dinero, al soldado romano, y a los niños. Jesús les enseña a todos ellos que Dios les ama y que hay un lugar para ellos en el reino de Dios. Y al pueblo de las naciones vecinas, Jesús les enseña que sus tierras no se escapan del señorío de Dios, y que Dios desea integrarlos a una amplia e incluyente comunidad humana, la gran comunidad del reino, en que todos los hombres y mujeres de todas las razas, lenguas y naciones puedan sentarse a la gran mesa común para estar y hablar como iguales.

Los discípulos y su proceso de transformación

Los discípulos viven la experiencia de un proceso continuo de transformación mientras siguen a Jesús en el camino de la enseñanza. En el camino de la enseñanza, los discípulos tienen tres experiencias de llamado que marcan sus vidas, haciéndoles transitar de una etapa a otra en su proceso de formación (1.16–20; 3.13–19; 6.7–13). Primero, Jesús los llama a que lo sigan, para que lleguen a ser pescadores de hombres (1.16–20), ellos inmediatamente comienzan a seguir a Jesús; esta es la primera etapa de formación de los discípulos. Al final de esta etapa los discípulos comienzan a servir a Jesús (3.9). Segundo, a los discípulos que ya lo están siguiendo, Jesús los llama por segunda vez para afirmarlos en el camino del seguimiento; y los afirma en este camino estableciendo con ellos una pequeña comunidad de discípulos (3.13–19); después de este segundo llamado, los discípulos no sólo siguen a Jesús, también le sirven. Tercero, a los discípulos que ya lo están siguiendo y sirviendo, Jesús los llama por tercera vez, para enviarlos a predicar de dos en dos (6.7–13). Después de este llamado los discípulos siguen a Jesús, le sirven, y comienzan a predicar a la gente bajo la supervisión de Jesús. Al final del Evangelio, los discípulos predican el reino de Dios en la ausencia de Jesús (16.20). Fueron llamados por Jesús a seguirle para ser pescadores de hombres, y después de un largo proceso de enseñanza en el seguimiento, los seguidores se convirtieron en predicadores, en líderes del reino de Dios a quienes otras personas pueden seguir.

La pedagogía de Jesús

La enseñanza de Jesús en el Evangelio de Marcos tiene una teología de la enseñanza que la sustenta y la guía. Esa teología no se formula en el Evangelio de Marcos explícitamente como una teoría. ¡Pero está allí! Se habla aquí de teología de la enseñanza de Jesús porque lo que se sabe de esta enseñanza es que tiene su fundamento en el Evangelio de Marcos, un texto que es humano, pero también un texto que es divinamente inspirado. La narrativa del Evangelio de Marcos dice que la enseñanza de Jesús, que es la enseñanza del camino, es un proceso de cambio y de transformación humana que encuentra su lugar de operación en una variedad de espacios y ambientes abiertos y cerrados de la realidad humana, teniendo en los espacios cerrados sagrados sus lugares privilegiados. El gran propósito de la enseñanza de Jesús consiste en convertir a las personas más sencillas y humildes en líderes del reino de Dios. Los grandes temas del conocimiento que Jesús transmite para alcanzar su propósito tienen que ver con su propia identidad, su misión como predicador y maestro, el reino de Dios, la fe y todos los temas relacionados con estos. Jesús combina el discurso, el análisis crítico de la realidad filtrado por la Escritura, la acción práctica, y el diálogo, como la metodología del camino para transmitir sus enseñanzas. En su enseñanza, que es un proceso de cambio en el camino, Jesús incluye retiros de descanso y de instrucción privada, sobre todo retiros en que Jesús provee a sus discípulos experiencias únicas que les permiten marcar el momento en que pasan de una etapa de formación a otra. En este proceso de enseñanza no se dan diplomas ni hay graduaciones. El rol del maestro consiste en marcar el ritmo, el momento, y el rumbo en el proceso de enseñanza. Y el rol de los discípulos consiste en seguir a Jesús y obedecerle. Jesús sirve a los discípulos enseñando y los discípulos aprenden escuchando y observando atentamente, dialogando y, sobre todo, obedeciendo. Jesús, aunque enfoca su enseñanza para un grupo pequeño de discípulos, también enseña a círculos más amplios de influencia. En su enseñanza Jesús muestra que estos son sus grandes valores: Dios, el Espíritu, la vida de los que sufren, el reino de Dios, la fe, el servicio, la enseñanza, la obediencia, la Escritura y la espiritualidad del camino.

Amén

Bibliografía

Aland, K.; Black, M.; Martini, C. M.; Metzger, B. M.; Wikgren, Al
    1993   *The Greek New Testament* (4ª. Ed.). Stuttgart, Germany: Biblia-Druck.

Archer, K.
    2009   *A Pentecostal Hermeneutic: Spirit, Scripture And Community.* Cleveland, Tennessee: Cpt Press.

Barton, J. (Ed.)
    1998   *La interpretación bíblica, hoy* (Trad.) (2001). Santander, España: Sal Terrae.

Beck, T.; Benedetti, U.; Brambillasca, G.; Clerici; Fausti, S.
    2006   *Una comunidad lee el Evangelio de Marcos.* Bogotá, Colombia: San Pablo.

Belo, F.
    1975   *Lectura materialista del Evangelio de Marcos.* Estella, Navarra: Editorial Verbo Divino.

Brown, R.
    1997   *An Introduction To The New Testament.* New York: Doubleday.

Blanchard, Y. V.; Cothenet, E.; Legasse, S.; Quesnel, M.; Tassin, C.; Vidal, M.
    1995   *Evangelio y reino de Dios.* Estella, España: Editorial Verbo Divino.

Bonneau, G.
    2003   *San Marcos: nuevas lecturas.* Estella, Navarra, España: Editorial Verbo Divino.

Castillo, J. M.
    2005   *Seguimiento de Jesús* (2da. Ed). Salamanca, España: Ediciones Sígueme.

Cook, G.; Foulkes, R.
    1990   *Comentario bíblico hispanoamericano.* Miami, Florida: Editorial Caribe.

Delome, J.
1990   *El Evangelio Según San Marcos.* Navarra, España: Editorial Verbo Divino.

Duran, N. W.; Okure, T. y Patte, D.
2011   *Mark.* Minneapolis: Fortress Press.

Gilbert, M.; Aletti, J. N.
1985   *La sabiduría y Jesucristo* (4ª. Ed.). Estella, Navarra: Editorial Verbo Divino.

Hengel, M.
1985   *Studies In The Gospel Of Mark.* Philadelphia: Fortress Press.

Herron, R. W.
1991   *Mark's Account of Peter's Denial of Jesus: A History of Its Interpretation.* Maryland: University Press Of America.

Lane, W.
1974   *The Gospel According To Mark.* Grand Rapids, Michigan: William B. Eerdmans Publishing Company.

Lemonon, J. P.
2004   *Jesús de Nazaret profeta y sabio.* Estella, España: Editorial Verbo Divino.

Marguerat, D. (Ed.)
2008   *Introduccion al Nuevo Testamento.* Bilbao, España: Desclée de Brouwer.

Marguerat, D.; Bourquin, Y.
2000   *Cómo leer los relatos bíblicos: Iniciación al análisis narrativo.* Santander, España: Sal Terrae.

Mateos, J.
1982   *Los «doce» y otros seguidores de Jesús en el Evangelio de Marcos.* Huesca, Madrid, España: Ediciones Cristiandad.

Myers, Ch.
1990   *Binding The Strong Man: A Political Reading of Mark's Story of Jesus* (2da. Imp.). Maryknoll, New York: Orbis Books.

Osborne, G. R.
1991   *The Hermeneutical Spiral.* Downers Grove, Illinois: Intervasity Press.

Kim, S. W.
2013   *Jesus' Missional Movement In Mark 4:35–8:21: Markan Spatial Presentation And Its Hermeneutical Significance.* Disertación doctoral no publicada. Trinity Evangelical Divinity School. Deerfield, Illinois.

Ska, J. L.; Sonnet, J. P.; Wénin, André

2001   *Análisis narrativo de relatos del A. T.* Estella, Navarra, España: Editorial Verbo Divino.

Schmid, J.

1981   *El Evangelio Según San Marcos.* Barcelona: Editorial Herder.

Taylor, V.

1981   *Evangelio Según San Marcos.* (Trad.). Madrid, España: Ediciones Cristiandad.